必勝合格！

JLPT 日本語能力試験 完全模試 SUCCESS

N3

Japanese Language Proficiency Test N3 Complete Mock Test SUCCESS
成功的日语能力测试 N3 完整的模拟测试
Thành công kỳ thi năng lực tiếng Nhật N3 Hoàn thành bài kiểm tra mô phỏng

森本智子／高橋尚子／松本知恵／黒江理恵／有田聡子●共著

Jリサーチ出版

はじめに

　本書は、日本語能力試験のN3の試験対策を目的に、3回分の模擬試験を用意しました。

　試験直前にとにかくたくさん問題を解きたいという場合に使うことはもちろん、試験がどういうものかを知るために1回、少し勉強してから1回、試験直前に1回といった使い方をすることもできます。本書を使って本番と同じ形式の問題を3回解いてみれば、試験問題に慣れ、問題を解くポイントがつかめてきます。

　また、本書では、あまり時間がない中でも必要な試験対策がとれるよう、解説を工夫しました。問題を解いて答えの正誤を知るだけでなく、効率よく、正解を導くためのポイントを学んだり、今まで学んできた知識を整理したりできるようになっています。

　そして本書ではさらに、読者への特典として模試をもう一回分、ダウンロードサービスでご利用できるようにしました。試験に向けて実戦練習を積み重ねることで、対策がより強化されるでしょう。

　N3に合格するためには、幅広い日本語の知識とそれを適切に運用する力が求められます。本書を使って繰り返し学習することによって、弱いところや苦手なところを補強し、日本語能力の向上を目指してください。

　本書がN3合格を目指す皆さんのお役に立てることを願っています。

著者・編集部一同

もくじ

はじめに………………………………………………… 2

この本の使い方………………………………………… 4

音声ダウンロードのやり方…………………………… 5

ダウンロード模試のご利用案内……………………… 9

「日本語能力試験 N 3」の内容 …………………… 11

模擬試験 第1回　　解答・解説………………… 13

模擬試験 第2回　　解答・解説………………… 51

模擬試験 第3回　　解答・解説………………… 87

付録「試験に出る重要語句・文型リスト」……… 121

〈別冊〉

模擬試験 第1回　　問題………………………… 1

模擬試験 第2回　　問題………………………… 39

模擬試験 第3回　　問題………………………… 77

模擬試験の採点表……………………………………… 115

解答用紙………………………………………………… 117

この本の使い方

〈この本の構成〉

● この本には、3回分の模擬試験があります。

● 問題と解答用紙は付属の別冊に、解答・解説はこちらの本冊に収めてあります。

● 聴解用の音声はダウンロードで利用できます。詳しくは、p.5～p.8をご覧ください。

➡ **音声ダウンロードの方法は、p.10をご覧ください。**

★この本の3回の模擬試験に加えて、もう1回分、ダウンロード版の模擬試験があります。

利用方法はp.8～p.9をご覧ください。

〈この本の使い方〉

① 3回の模擬試験は（一度に続けてではなく）、それぞれ決められた時間にしたがって別々
にチャレンジしてください。

※解答用紙は切り取るか、コピーをして使ってください。

※「言語知識（文字・語彙）」「言語知識（文法）・読解」では、解答にかける時間について目標タ
イムを設け、大きな問題ごとに示しています。参考にしながら解答してください。

② 解答が終わったら、「解答・解説」を見ながら答え合わせをしましょう。間違ったところ
はよく復習しておいてください。

※ 解説や付録の「試験に出る重要語句・文型リスト」を活用しましょう。

③ 次に、採点表（別冊p.115～116）を使って採点をして、得点を記入してください。
得点結果をもとに、力不足のところがないか、確認してください。得点の低い科目があ
れば、特に力を入れて学習しましょう。

音声ダウンロードのやり方

STEP1	商品ページにアクセス！ 方法は次の3通り！

- QRコードを読み取ってアクセス。
- https://www.jresearch.co.jp/book/b593127.html を入力してアクセス。
- Jリサーチ出版のホームページ（https://www.jresearch.co.jp/）にアクセスして、「キーワード」に書籍名を入れて検索。

STEP2	ページ内にある「音声ダウンロード」ボタンをクリック！

STEP3	ユーザー名「1001」、パスワード「25380」を入力！

STEP4	音声の利用方法は2通り！ 学習スタイルに合わせた方法でお聴きください！

- 「音声ファイル一括ダウンロード」より、ファイルをダウンロードして聴く。
- ▶ボタンを押して、その場で再生して聴く。

※ダウンロードした音声ファイルは、パソコン・スマートフォンなどでお聴きいただくことができます。一括ダウンロードの音声ファイルは.zip形式で圧縮してあります。解凍してご利用ください。ファイルの解凍が上手く出来ない場合は、直接の音声再生も可能です。
音声ダウンロードについてのお問合せ先：toiawase@jresearch.co.jp（受付時間：平日9時〜18時）

How to Download Voice Data

STEP1 Visit the website for this product! This can be done in three ways.

- Scan this QR code to visit the page.
- Visit https://www.jresearch.co.jp/book/b593127.html
- Visit J Research's website (https://www.jresearch. co.jp/), enter the title of the book in "Keyword," and search for it.

STEP2 Click the "Voice Data Download) button the page!

STEP3 Enter the username "1001" and the password "25380" !

STEP4 Use the voice data in two ways! Listen in the way that best matches your learning style!

- Download voice files using the "Download All Voice Files" link, then listen to them.
- Press the ▶ button to listen to the voice data on the spot.

---

* Downloaded voice files can be listened to on computers, smartphones, and so on. The download of all voice files is compressed in .zip format. Please extract the files from this archive before using them. If you are unable to extract the files properly, they can also be played directly.

For inquiries regarding voice file downloads, please contact: toiawase@ jresearch.co.jp (Business hours: 9 AM – 6 PM on weekdays)

如何下载音频

STEP1 进入产品页面！有 3 种方法可以下载！

- 扫描二维码访问。
- 通过输入 https://www.jresearch.co.jp/book/b593127.html 访问。
- 访问 J Research Publishing 网站（https://www.jresearch.co.jp/）在 "关键字" 中输入书名进行搜索。

STEP2 点击页面上的 "语音下载" 按钮！

STEP3 输入用户名 "1001" 和密码 "25380"！

STEP4 有两种使用语音的方法！选择适合您的学习方式收听！

- 从 "一次性下载所有音频文件" 下载并收听文件。
- 按 ▶ 按钮即可现场播放和收听。

---

* 您可以在计算机或智能手机上收听下载的音频文件。下载的音频文件以 .zip 格式压缩。请解压文件使用。如果文件不能顺利地解压，也可以直接播放音频。

音频下载咨询：toiawase@jresearch.co.jp（受理时间：平日 9:00 ～ 18:00）

HƯỚNG DẪN TẢI FILE ÂM THANH

STEP1	Có 3 bước để tải như sau!

- Đọc mã QR để kết nối.
- Kết nối tại địa chỉ mạng https://www.jresearch.co.jp/book/b593127.html
- Vào trang chủ của NXB J-Research rồi tìm kiếm bằng tên sách tại ô キーワード

STEP2	Nhấp chuột vào nút 「音声ダウンロード」 có trong trang!

STEP3	Nhập tên "1001", mật khẩu "25380"!

STEP4	Có 2 cách sử dụng thư mục âm thanh. Hãy nghe theo cách phù hợp với phương pháp học của mình!

- Tải file để nghe từ mục 「音声ファイル一括ダウンロード」
- Ấn nút ▶ để nghe luôn tại chỗ.

File âm thanh đã tải về có thể nghe trên máy tính, điện thoại thông minh. Nếu tải đồng loạt thì file được nén dưới dạng file .zip. Hãy giải nén file trước khi sử dụng. Nếu không giải nén được file cũng vẫn có thể nghe trực tiếp. Mọi thắc mắc về việc tải file âm thanh hãy liên hệ tới địa chỉ: toiawase@jresearch.co.jp (từ 9:00 ～ 18:00 ngày làm việc trong tuần)

ダウンロード模試のご利用案内

 STEP1 商品ページにアクセス！ 方法は次の3通り！
- QRコードを読み取ってアクセス。
- https://www.jresearch.co.jp/book/b593127.html を入力してアクセス。
- Jリサーチ出版のホームページ（https://www.jresearch.co.jp/）にアクセスして、「キーワード」に書籍名を入れて検索。

STEP2 ページ内にある「購入者特典・模試1回分はこちら」をクリック

STEP3 「ユーザー名」「パスワード」を入力
➡ユーザ名＝ jresearch86392　パスワード＝ successdArUmA25380

STEP4 試験科目を選んでクリック
※解答用紙は、本書の別冊の最後にあります。

ダウンロード模試についてのお問合せ先：
toiawase@jresearch.co.jp（受付時間：平日9時〜18時）

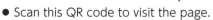

How to Use the Downloadable Practice Test

 STEP1 Visit the website for this product! This can be done in three ways.
- Scan this QR code to visit the page.
- Visit https://www.jresearch.co.jp/book/b593127.html
- Visit J Research's website (https://www.jresearch.co.jp/) , enter the title of the book in "Keyword," and search for it.

STEP2 Click the "Purchase bonus practice test x1" button on the page.

STEP3 Enter the username "jresearch86392" and the password "successdArUmA25380".

STEP4 Select the test subject and click on it.
* Answer sheet is found at the end of the supplement.

For inquiries regarding voice file downloads, please contact:
toiawase@jresearch.co.jp (Business hours: 9 AM – 6 PM on weekdays)

STEP1 进入产品页面！有 3 种方法可以做到！

- 扫描二维码访问。
- 通过输入 https://www.jresearch.co.jp/book/b593127.html 访问。
- 访问 J Research Publishing 网站（https://www.jresearch.co.jp/）并转到该网站。在"关键字"中输入书名进行搜索。

 STEP2 点击页面上的"获取购买者权益／一次模拟考试"

 STEP3 输入"用户名"和"密码"
➡用户名 =jresearch86392 密码 =successdArUmA25380

STEP4 选择并点击考试科目

* 答卷在本书分册的末尾。

模拟考试下载咨询：toiawase@jresearch.co.jp
（受理时间：平日 9:00 〜 18:00）

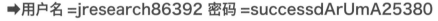

HƯỚNG DẪN TẢI ĐỀ THI THỬ

 STEP1 Kết nối vào trang giới thiệu sách! Có 3 bước để tải như sau!

- Đọc mã QR để kết nối.
- Kết nối tại địa chỉ mạng https://www.jresearch.co.jp/book/b593127.html
- Vào trang chủ của NXB J-Research rồi tìm kiếm bằng tên sách tại ô キーワード

 **STEP2** Nhấp chuột vào nút「Ưu đãi dành cho độc giả! Tải bài kiểm tra thử 1 lần tại đây」có trong trang!

 **STEP3** Nhập tên "jresearch86392", mật khẩu "successdArUmA25380"!

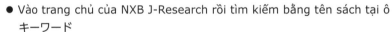 **STEP4** Nhấp chuột để chọn bài thi

※ Tờ trả lời được gắn ở cuối sách.

Mọi thắc mắc về việc tải đề thi thử hãy liên hệ tới địa chỉ:
toiawase@jresearch.co.jp (từ 9:00 ~ 18:00 ngày làm việc trong tuần)

「日本語能力試験 N3」の内容

1．N3 のレベル

日常的な場面で使われる日本語をある程度理解することができる。

読む	● 日常的な話題について書かれた具体的な内容を表す文章を、読んで、理解することができる。
	● 新聞の見出しなどから情報の概要をつかむことができる。
	● 日常的な場面で目にする難易度がやや高い文章は、言い換え表現が与えられれば、要旨を理解することができる。
聞く	● 日常的な場面で、やや自然に近いスピードのまとまりのある会話を聞いて、話の具体的な内容を登場人物の関係などとあわせてほぼ理解できる。 ＊登場人物：話の中に出てくる人

2．試験科目と試験時間

● 「言語知識（文法）」と「読解」は同じ時間内に、同じ問題用紙、同じ解答用紙で行われます。自分のペースで解答することになりますので、時間配分に注意しましょう。

	言語知識（文字・語彙）	言語知識（文法）・読解	聴解
時間	30分	70分	40分

3．合否（＝合格・不合格）の判定

● 「総合得点」が「合格点」に達したら、合格になります。確実に6～7割の得点が得られるようにしましょう。

● 「得点区分別得点」には「基準点」が設けられています。「基準点」に達しなければ、「総合得点」に関係なく、不合格になります。苦手な科目をつくらないようにしましょう。

	言語知識 （文字・語彙・文法）	読解	聴解	総合得点	合格点
得点区分別得点	0～60点	0～60点	0～60点	0～180点	95点
基準点	19点	19点	19点		

4．日本語能力試験 N3 の構成

		大問	小問数	ねらい
言語知識 （30分）	1	漢字読み	8	漢字で書かれた語の読み方を問う。
	2	表記	6	ひらがなで書かれた語が漢字でどのように書かれるかを問う。
	3	文脈規定	7	文脈によって意味的に規定される語が何であるかを問う。
	4	言い換え類義	5	出題される語や表現と意味的に近い語や表現を問う。
	5	用法	5	出題語が文の中でどのように使われるのかを問う。
言語知識・読解 （70分）	文法	1	文の文法1 （文法形式の判断）	13	文の内容に合った文法形式かどうかを判断することができるかを問う。
		2	文の文法2 （文の組み立て）	5	統語的に正しく、かつ、意味が通る文を組み立てることができるかを問う。
		3	文章の文法	5	文章の流れに合った文かどうかを判断することができるかを問う。
	読解	4	内容理解（短文）	4	生活・仕事などいろいろな話題も含め、説明文や指示文など150～200字程度のテキストを読んで、内容が理解できるかを問う。
		5	内容理解（中文）	6	書き下ろした解説、エッセイなど350字程度のテキストを読んで、キーワードや因果関係などが理解できるかを問う。
		6	内容理解（長文）	4	解説、エッセイ、手紙など550字程度のテキストを読んで、キーワードや因果関係などが理解できるかを問う。
		7	情報検索	2	広告、パンフレットなどの書き下ろした情報素材（600字程度）の中から必要な情報を探し出すことができるかを問う。
聴解 （40分）	1	課題理解	6	まとまりのあるテキストを聞いて、内容が理解できるかどうか（次に何をするのが適当か理解できるか）を問う。
	2	ポイント理解	6	まとまりのあるテキストを聞いて、内容が理解できるかどうか（ポイントを絞って聞くことができるか）を問う。
	3	概要理解	3	まとまりのあるテキストを聞いて、内容が理解できるかどうか（テキスト全体から話者の意図や主張が理解できるかどうか）を問う。
	4	発話表現	4	イラストを見ながら、状況説明を聞いて、適切な発話が選択できるかを問う。
	5	即時応答	9	質問などの短い発話を聞いて、適切な応答が選択できるかを問う。

※ 小問数は大体の予定の数で、実際にはこれと異なる場合があります。本書は、国際交流基金の公開情報を参考に構成しました。

模擬試験 第1回 解答・解説

聴解
ちょうかい

言語知識（文法）・読解
げんごちしき　ぶんぽう　どっかい

言語知識（文字・語彙）
げんごちしき　もじ　ごい

13

言語知識（文字・語彙）

問題1

1 正答1

□ 普通：normal ／一般／ thông thường, bình thường

▶ □ 普＝フ

▶ □ 通＝ツウ／とお-る・とお-す・かよ-う
例 通勤する、日本語が通じる、大きい道を通る、学校に通う

2 正答4

□ 雑誌：magazine ／杂志／ tạp chí

▶ □ 雑＝ザツ
例 雑なやり方、複雑な形、複雑な問題

▶ □ 誌＝シ

3 正答2

□ 朝食：朝ごはん。

▶ □ 朝＝チョウ／あさ
例 朝刊、毎朝、朝日

▶ □ 食＝ショク／た-べる　食事
例 昼食、夕食、食事、食べ物

4 正答1

□ 遅刻（する）：予定の時間に遅れること。

▶ □ 遅＝チ／おく-れる・おそ-い
例 授業に遅れる

▶ □ 刻＝コク／きざ-む
例 時刻（＝時間の流れの中の、ある一点の時間。具体的な細かい時間。）

5 正答3

□ 相談（する）：(to) consult ／商量／ tư vấn, xin ý kiến

▶ □ 相＝ソウ・ショウ／あい
例 首相、相手

▶ □ 談＝ダン

6 正答1

□ 優しい：kind ／温柔／ 脾气好／ hiền dịu, dễ

▶ □ 優＝ユウ／やさ-しい
例 優秀な学生

7 正答4

□ 働く：work ／工作／ 干活儿／ làm việc, lao động

▶ □ 働＝ドウ／はたら-く
例 労働（＝働くこと）、目の働き

8 正答2

□ 悪い：←→良い

▶ □ 悪＝アク／わる-い
例 最悪の結果、人の悪口を言う

問題2

9 正答1

□ 未来：future ／未来／ tương lai

▶ □ 未＝ミ
例 未満、未定

14

▶ □来＝ライ／く‐る
例 来春、来社
<small>らいしゅん　らいしゃ</small>

10 正答４
<small>せいとう</small>

□運転（する）：(to) drive ／开车／ lái (xe)
<small>うんてん</small>

▶ □運＝ウン
例 運動
<small>うんどう</small>

▶ □転＝テン／ころ‐ぶ
例 転職、ろうかで転ぶ
<small>てんしょく　　　　ころ</small>

11 正答２
<small>せいとう</small>

□痛い：painful ／痛／ đau
<small>いた</small>

▶ □痛＝ツウ／いた‐い、いた‐む、いた‐める
例 頭痛がする、お腹が痛い、足が痛む、手首を痛める
<small>ず つう　　　　なか　いた　　あし　いた　　てくび　いた</small>

12 正答３
<small>せいとう</small>

□故障（する）：(to) break down ／出故障／ hỏng hóc, trục trặc
<small>こ しょう</small>

▶ □故＝コ
例 事故
<small>じこ</small>

▶ □障＝ショウ

13 正答４
<small>せいとう</small>

□泣く：cry ／哭／ khóc
<small>な</small>

▶ □泣＝な‐く

14 正答２
<small>せいとう</small>

□軽い：light ／轻／ nhẹ
<small>かる</small>

▶ □軽＝ケイ／かる‐い
例 気軽に参加する
<small>き がる　　さん か</small>

問題３
<small>もんだい</small>

15 正答１
<small>せいとう</small>

□ **がっかり（する）**：期待していた結果にならず、力が抜ける。
<small>き たい　　　　　　けっ か　　　　ちから　　ぬ</small>
例 それを聞いて、がっかりした。
<small>き</small>

他の選択肢

2 **さっぱり（する）**
例 シャワーを浴びてさっぱりした。
<small>あ</small>

3 **すっきり（する）**
例 いらない物を捨ててすっきりした。
<small>もの　す</small>

4 **ぐっすり**
例 ぐっすり眠る
<small>ねむ</small>

16 正答３
<small>せいとう</small>

□ **がまん（する）**：(to) endure ／忍耐／ chịu đựng
例 痛かったけど、がまんした。
<small>いた</small>

他の選択肢

1 **集合（する）**
<small>しゅうごう</small>
例 ３時に駅前に集合する。
<small>じ　えきまえ　しゅうごう</small>

2 **渋滞（する）**
<small>じゅうたい</small>
例 道が渋滞して、バスが動かない。
<small>みち　じゅうたい　　　　　　うご</small>

4 **失敗（する）**
<small>しっぱい</small>
例 計画に失敗する。
<small>けいかく　しっぱい</small>

17 正答２
<small>せいとう</small>

□ **タイトル**：title ／标题／ tiêu đề
例 本のタイトルを教えてください。
<small>ほん　　　　　　　　おし</small>

他の選択肢

1 **スタート（する）** start
例 練習をスタートする
<small>れんしゅう</small>

3 **セット（する）** set
例 飲み物とセットのメニュー
<small>の　もの</small>

4 **コール（する）** call
例 ３回コールしたが、出なかった。
<small>かい　　　　　　　　　で</small>

18 正答2

□ **計画**（する）：(to) plan ／计划／ lên kế hoạch
例 旅行を計画する

他の選択肢

1 用意（する）　例 飲み物を用意する
3 工夫（する）　例 仕事のやり方を工夫する
4 報告（する）　例 部長に出張の報告をした。

19 正答4

□ **選択**（する）：えらぶ。
例 科目を選択する

他の選択肢

1 意識（する）
　例 人に親切にするよう、意識している。
2 決心（する）
　例 留学することを決心した。
3 案内（する）
　例 工場を案内する

20 正答1

□ **渡す**：deliver; pass ／交出／ đưa, trao cho
例 資料を渡す

他の選択肢

2 伝える
　例 時間の変更を伝える
3 伸ばす
　例 髪を伸ばす
4 重ねる
　例 本を重ねて置く

21 正答3

□ **ずいぶん**：quite; rather ／很／非常／ khá, rất
例 ずいぶんやせましたね。

他の選択肢

1 だいたい　　例 だいたいわかります。

2 ようやく　　例 ようやくわかってきました。
4 なるべく　　例 なるべく早く起きる

22 正答4

□ **迷う**：become lost ／迷惑／犹豫／ đi lạc, băn khoăn
例 道に迷いました。

他の選択肢

1 試す　　例 新しい商品を試す
2 温める　例 お弁当を温める
3 感じる　例 暑さを感じる

23 正答2

□ **意外な**：unexpected ／意外的／ không ngờ tới
例 意外な結果になった。

他の選択肢

1 失礼（な）　例 失礼な人
3 得意（な）　例 得意なスポーツ
4 単純（な）　例 単純な話

24 正答4

□ **態度**：attitude ／态度／ thái độ
例 彼は、授業態度はいい。

他の選択肢

1 意識（する）　例 失敗しないように意識する
2 競争（する）　例 友達と競争する
3 協力（する）　例 仕事に協力する

25 正答1

□ **悔しい**：frustrated ／忏悔／遗憾／ tức tối, tiếc nuối
例 同じ相手にまた負けて、悔しい。

他の選択肢

2 詳しい　例 詳しい説明
3 激しい　例 激しい運動

4 険しい　例 険しい山
　けわ　　　　　　けわ　　やま

問題4
　もんだい

● ● ● ● ● ● ● ● ● ● ● ● ● ● ● ● ● ● ● ●

26 正答3
　　せいとう

□ **価格**：値段。
　かかく　　ねだん
　例 ガソリンの価格が上がっている。
　　　　　　　　かかく　　あ

27 正答4
　　せいとう

□ **通勤**：会社など、仕事をする場所に通うこと。
　つうきん　かいしゃ　　しごと　　　ばしょ　かよ
　例 通勤には往復で1時間かかります。
　　つうきん　　おうふく　じかん

28 正答1
　　せいとう

□ **そっくり**：よく似ている。
　　　　　　　　　に
　例 あの親子は顔がそっくりだ。
　　　おやこ　かお

29 正答1
　　せいとう

□ **完成する**：to complete ／完成／ hoàn
　かんせい　　　　　　　　　　　かんせい
thành
　例 新しい駅ビルが完成した。
　　あたら　えき　　　　かんせい

30 正答4
　　せいとう

□ **方法**：way ／方法／ phương pháp
　ほうほう　　　　　ほうほう
　例 チケットを買う方法を教えてください。
　　　　　　か　ほうほう　おし

問題5
　もんだい

● ● ● ● ● ● ● ● ● ● ● ● ● ● ● ● ● ● ● ●

31 正答2
　　せいとう

□ **報告（する）**：(to) report ／报告／ báo cáo
　ほうこく
　例 調べた結果を報告した。
　　しら　けっか　ほうこく

他の選択肢 1 連絡、3 話す、4 誘う、などのほう
　　　　　　れんらく　はな　　さそ
が合っている。
　あ

32 正答2
　　せいとう

□ **お互いに**：mutually ／互相／ lẫn nhau
　たが
　例 お互いに意見を言うようにしています。
　　たが　いけん　い

他の選択肢 1 一緒に、3 どちらか、4 一緒に、な
　　　　　　いっしょ　　　　　　　　　いっしょ
どのほうが合っている。
　　　　あ

33 正答1
　　せいとう

□ **詰める**：pack; fill ／挤／ nhồi, nhét
　つ
　例 いろいろ詰めすぎて、かばんが重くなっ
　　　　　　つ　　　　　　　　おも
た。

他の選択肢 2 いっぱいに乗せる、3 書く、4 入れ
　　　　　　　　　　の　　　　　か　　　い
る／注ぐ、などのほうが合っている。
　そそ　　　　　　　あ

34 正答1
　　せいとう

□ **問い合わせ**：inquiry ／咨询／ liên hệ, hỏi
　と　あ
　例 電話でも問い合わせができるから、便利
　　でんわ　と　あ　　　　　　　　べんり
だ。

他の選択肢 2 質問する、3 注文する、4 質問、な
　　　　　　しつもん　　ちゅうもん　　しつもん
どのほうが合っている。
　　　　あ

35 正答2
　　せいとう

□ **取り消す**：cancel ／取消／ hủy bỏ, xóa
　と　け
　例 急な用事が入ったので、予約を取り消し
　　きゅう　ようじ　はい　　　よやく　と　け
た。

他の選択肢 1 消す、3 掃除する、4 やめる、など
　　　　　　け　　　そうじ
のほうが合っている。
　　　あ

言語知識（文法）・読解

文 法

問題 1

1 正答 1

□ **〜さえ**：ほかがなくても、それだけあれば
いい。
例 家族さえいれば幸せだ。

2 正答 2

□ **〜も**：量や数が多い。
例 ５万円もある。

3 正答 2

□ **いつのまにか**：いつそうなったかわからな
い。
例 いつのまにか寝ていた。

他の選択肢
1 例 いつか旅行したい。
2 例 どうしても合格したい。
4 例 そんなことはどうでもいい。

4 正答 2

□ **〜ちゃう**：「〜てしまう」の話し言葉。
例 全部食べちゃった。

他の選択肢
1 〜なきゃ：「〜なければならない」の話し言
葉。
例 早く行かなきゃ。
3 〜とく：「〜ておく」の話し言葉。
例 ここ、片付けとくね。

4 〜ないと：「〜ないといけない」の話し言葉。
例 明日テストだから、勉強しないと。

5 正答 4

□ **〜（の）おかげで…**：〜の助けを受けて、〜
の力を借りて。いい結果になったという感
謝の気持ちを表す。
例 先生のおかげで、文法がわかってきた。

他の選択肢
1 例 彼に対して、申し訳ない気持ちだ。
3 〜せいで…：…という悪い結果になった原因
は〜だ。
例 雨のせいで、試合が中止になった。

6 正答 1

□ **〜を通して**：〜の期間ずっと。「〜を通じて」
も使える。

他の選択肢
2 例 このアニメは、子どもを中心に人気です。
3 例 感謝の気持ちを込めて、プレゼントをした。
4 例 夏にかけて、雨の日が多くなる。

7 正答 1

□ **うかがう**：「そちらに行く」の謙譲語。

他の選択肢
2 いらっしゃる：「いる」「来る」の尊敬語。
3 おっしゃる：「言う」の尊敬語。
4 存じる：「知っている」の謙譲語。

ことばと表現

□ 謙譲語：humble language ／ 谦逊语 ／ Từ

khiêm nhường

□ **尊敬語**：honorifics ／敬語／ Từ tôn kính

8 　正答 4

□ **せっかく**：そのために時間を使ったり、頑張ったりしたのに。
例 せっかく用意したのに、旅行の間、一回も使わなかった。

他の選択肢

1 例 10 年使ったパソコンが、とうとう壊れてしまった。

2 例 漢字がちっとも覚えられない。

3 例 必要ないのに、つい買ってしまった。

9 　正答 4

どれも、初級の文型を 2 つ合わせた形。
4 ～たほうがいい＋～かもしれない

他の選択肢

1 ～てもいい＋～そう

2 ～てはいけない＋～そう＋

3 ～れる（受身）＋かもしれない

10 　正答 3

□ **～ことから**：～ことが理由で
例 二人がよく似ていることから、家族だとわかった。

11 　正答 1

□ **～ほど（は）**：～のように（は）。
例 昨日ほど（は）体調は悪くない。

他の選択肢

2 10 分ほどで駅に着きます。

12 　正答 1

□ **～だけなら**：～だけの場合は～。ほかの場合については、あまりよくないか、わからないときに使う。
例 食事だけなら、500 円くらいで食べられます。

他の選択肢

2 さっき食べたので、飲み物だけでいいです。

4 部長は青木さんにだけやさしい。

13 　正答 2

□ **～てもらう**：～という行為（自分にプラスになること）を受けることを表す。
例 このかばんは、父に買ってもらったんです。

※「～ている」は習慣を表す意味もある。

問題2

14 正答4

ちょうど ₂今 ₃うちに ₄帰ってきた ₁ところ だよ。

⇒【[ちょうど今〈うちに帰ってきた〉]ところ】だよ。

15 正答1

毎日 ₂ゲームばかり ₄して ₁いたら ₃父に 注意されました。

⇒ [毎日〈ゲームばかり〉していたら]、父に注意されました。

16 正答4

牛乳が ₁古くなって ₂いた ₄ので ₃飲まずに 捨てました。

⇒[〈牛乳が古くなっていた〉ので]、〈飲まずに〉〈捨てました〉。

17 正答1

₃彼は ₂お客さんに ₁対する ₄態度 が、あまりよくない。

⇒ 彼は【[〈お客さんに対する〉態度]が〈あまりよくない〉】。

18 正答3

どうやったら田中さんみたいに ₁仕事ができる ₄のか ₃教えてもらいたい ₂と思った。

⇒《どうやったら[田中さんみたいに〈仕事ができる〉]のか》、教えてもらいたい】と思った。

問題3

19 正答4

心の変化に合う文型を問う問題。
1・3は、自分ではなく、ほかの人に対して使う表現。

20 正答1

気持ちを強調する文型を問う問題。

21 正答2

接続詞の意味や働きを問う問題。

22 正答2

受身形の使い方を問う問題。

23 正答2

「これ」「それ」などの接続詞の意味や働きを問う問題。
聞いた内容は、そのすぐ前にある。この場合「そ」を使い「それ」となる。

問題3

一人での外食

　日本に来て驚いたことの一つが、一人で外食をしている人が多いことです。私くらいの年齢の学生も、お年寄りも、カフェやファーストフード店、牛丼屋、レストランなど、いろいろな店で、一人で食べています。私はハンバーガーの店でアルバイトをしていますが、そこにも一人で食べるお客さんがたくさんいます。スマホを見ながら食べたり、食事のあと、ゆっくり本を読んだりしています。私の国では、一人で外食をするのはさびしいことです。私は「一緒に食べてくれる人がいないのかな」と　19　。いろいろ考えてみましたが、やはり　20　、一緒にアルバイトをしている日本人学生に聞いてみました。

　　21　、彼女にもそれは普通のことだそうで、私に　22　驚いていました。彼女によると、全然さびしいことではないそうです。忙しいときは人と時間を合わせないといけないけれど、時間を合わせなくていいし、一人で食べると、食事に集中できるということでした。

　　23　を聞いて、今度、私も一人で食べてみようと思いました。どの店でチャレンジしてみるか、考えています。

「いろいろ考えてみましたが、やはり」に続くので、気持ちが強調される「〜てしょうがない」になる。　1○

「一緒に食べてくれる人がいないのかな」は、ややマイナスな気持ち。それに合うのは「よくない・失敗した」という意味がある「〜てしまう」。　4○

聞いてみたことと、その結果をつなぐので「すると」。　2○

「私が彼女に聞いた」ことを「私に」で始まる文にしているので、「私に聞かれた」と受身になる。　2○

ことばと表現

□**外食**：家でなく、店で食事をすること。

□**お年寄り**：the elderly ／年長者 / 老年人／ người cao tuổi

□**集中(する)**：(to) concentrate ／集中／ tập trung

読解
とっかい

問題4（短文）
もんだい　たんぶん

(1)「店から客へのメール」

24　正答4

> これは、ある店から山下さんに届いたメールである。
>
> 山下さま
>
> ご連絡ありがとうございました。
>
> ペンとファイルを1つずつご注文されたのに、ファイルが2つ届
> いたとのことですね。大変申し訳ありませんでした。不足の商品
> は、本日お送りいたします。
> 多く入っていたファイルについては、こちらにお送りいただかな
> くて結構です。そのままお使いください。
> このたびは申し訳ありませんでした。
> 今後ともどうぞよろしくお願いいたします。
>
> スカイ文具
> 吉田

〈ポイント〉間違ってファイルが2つ届いた。

足りない分を今日（←本日）送る。

（ファイルを）送る必要はない。　1 ×

ことばと表現

□ **ファイル**：file ／文件／ file, tệp tài liệu
□ **不足**(**する**)：足りないこと。
　ふそく

(2)「スマートフォン」

25 正答2

スマートフォンを見ている時間が長い。なんとなく自分でもそう思っていたが、はっきりと理解したのは最近だ。「1日にどのくらいスマートフォンを見ているか」が表示される機能を使い始めたのだ。

私は自分で「2、3時間くらいかな？」と思っていたが、「7時間」と出てびっくりした。最近は、スマートフォンで英語などの勉強をしている人もいるが、私はそれもしていない。ちょっとニュースを見たり、欲しいものを調べたり、ゲームをしたりしているだけだ。

自分がしていることだけれど、とてももったいないことだと思った。

> 思っていたよりもとても多い時間⇒時間がもったいない　2○

> 自分が（毎日）していること⇒その前の文の内容

他の選択肢

1 → 予想と違うことが「もったいない」のではない。

3 → 自分のスマホの使い方が「もったいない」のではない。

4 → 「スマートフォンで英語の勉強をしている人もいる」は例として挙げただけで、自分がそれをしないことを問題にしているのではない。

ことばと表現

□表示（する）：(to) display ／表示／ hiện thị
□機能：feature ／机能／ chức năng

(3)「ビジネスホテル」

26 正答3

私の仕事は、出張がとても多いです。全国いろいろなところへ行きました。私がいつも泊まるのは、全国どこにでもある、出張などでよく使われる「東西ホテル」というビジネスホテルです。出張で行くところに東西ホテルがないときは、ちょっとがっかりします。

「全国どこへ行っても同じホテルに泊まるなんて、つまらなくないですか。」と聞かれますが、そんなことはありません。出張で疲れているときに慣れないホテルに泊まると、あまり落ち着きま

せんし、体も休まりません。東西ホテルは、全国どこでも同じつくりの部屋、同じ朝食で安心します。私の第二の家のように感じています。

> 全国どこも同じなのが、安心する理由。　3〇

他の選択肢

2→「つまらなくないか」は、「私」が聞かれた言葉。
4→「第二の家のようだ」と感じているだけで、本当に自分の家にしたいのではない。

ことばと表現

□ビジネスホテル：主に出張で使われることを考えてつくったホテル。

(4)「水道工事についてのお知らせ」

これはアパートの入口に掲示されたお知らせである。

27　正答3

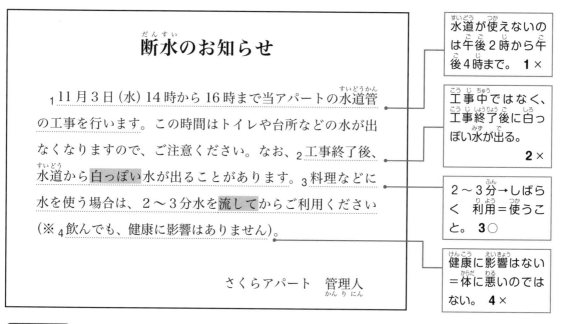

断水のお知らせ

₁11月3日（水）14時から16時まで当アパートの水道管の工事を行います。この時間はトイレや台所などの水が出なくなりますので、ご注意ください。なお、₂工事終了後、水道から白っぽい水が出ることがあります。₃料理などに水を使う場合は、2〜3分水を流してからご利用ください（※₄飲んでも、健康に影響はありません）。

さくらアパート　管理人

> 水道が使えないのは午後2時から午後4時まで。　1×

> 工事中ではなく、工事終了後に白っぽい水が出る。　2×

> 2〜3分→しばらく　利用＝使うこと。　3〇

> 健康に影響はない＝体に悪いのではない。　4×

ことばと表現

□白っぽい：白のような
□流す：drain; pour ／沖／沖洗／làm trôi đi, rửa trôi

問題5（中文）

(1)「買い物についての注意」

> 　私は割引やセールということばが大好きです。「30％引き」と
> か「半額」とか書いてあると、すぐ見てしまいます。この間も、
> インターネットを見ていたら「今だけ！　70％引き」と書いて
> あったので、かばんを買ってしまいました。とても安いと思った
> のですが、買ったあとにその商品を調べたら、ほかのサイトでも
> ほとんど同じ値段でびっくりしてしまいました。
> 　　　　　　　　　　　　　　①
> 　100円ショップでもよく買い物をしますが、高いものよりも
> ちょっと壊れやすいです。それであとから買い直すこともあっ
> て、「こんなことなら、最初からいいものを買ったほうがよかっ
> た」と後悔することもあります。食べ物など、毎日の生活に使う
> 　②
> お金についても、そうです。その時は安いと思って買ったのに、
> あとで全部合わせて確認したときに、「え？　今月、こんなに使っ
> たの!?」と驚くことがあります。
> 　安さばかり気にするのではなく、お金を使うときにもう少し考
> えなければいけません。

28　4○

29　100円ショップで買う→安いからすぐ壊れる→買いなおす、ということが「もったいない」。2○

28　正答4

他の選択肢

1→安さに驚いたのではない。
2→店と比べて驚いたのではない。
3→偶然同じだったとは書かれていない。

29　正答2

他の選択肢

1→壊れるとわかっているのではない。
3→高いものを買った後に安いものを買うとは書いていない。
4→ほかのところでも買うと書いてある。

30　正答2

「安いものを買って買い直すこと」「安くても買いすぎて、結局お金をたくさん使っていること」の2点が気になること。

他の選択肢

1→より安いものを探しているのではない。
3→安いことと、合計いくら使ったかは違う問題。
4→どこにも書かれていない。

25

(2)「準備しておくこと」

> 　一人暮らしを始めたときに、「日本は地震が多いし、台風や大雨もあるから準備しておいたほうがいいよ」と友達に言われた。でも、何を準備すればいいかよくわからなかったし、それまで経験したこともなかったから、特に何もしていなかった。①
>
> 　しかし、去年私の住む町に大きい台風が来た。その日は仕事も休みになって、外に出なかった。風が強くなって心配していたら、停電で電気が消えてしまった。それから、水道も止まってしまった。電気は次の日に戻ったが、家の水は3日間出なかった。飲む水はペットボトルを何本か買っていて家にあったし、食べ物は料理ができなくても買うことができたが、困ったのが生活に使う水②だった。まだ暑い時だったが、シャワーも浴びられないし、トイレに使う水もない。市の車が水を配っていると聞いて、ちょっと遠かったがそれをもらいに行ったりした。
>
> 　それからは、いつ台風が来てもいいように、スマートフォンを充電するためのものや、水と食べ物を準備している。次に同じようなことがあってもたぶん大丈夫だろう。そのときに困らないように、今のうちから考えて行動しておくことが大事だと思った。

31　「地震、台風や大雨への準備」を何もしなかった。
4○

32　「のが」のあとが内容。

33　**1○**

31　正答4

【他の選択肢】

1→経験についてのことではない。
2→友達の言ったことの意味はわかっている。
3→返事については書いていない。

32　正答3

【他の選択肢】

1→電気は、次の日に使えるようになった。
2→飲むための水は買っていたが、生活の水は配っていた。

33　正答1

この「行動しておく」は、「準備をしておく」という

こと。

【他の選択肢】

2→「準備をしておけば行動できる」のではなく、「準備をしておこう」ということが言いたい。
3→水がなくて大変だったが、それだけあればとは言っていない。
4→落ち着いて行動することの大切さについては書いていない。

【ことばと表現】

□停電：blackout／停电／mất điện
□水道：water supply／自来水／đường ống nước
□充電：recharge／充电／nạp điện

問題6（長文）「眠くならない方法」

食事の後に眠くなるというのは、おそらくみんな同じだ。私も、午後の授業中につい寝てしまい、先生に注意されることがある。授業が退屈なわけではなく、本当に勉強したいのでつらい。そう①なるのが、たいてい試験対策の授業の時なので、このままでは試験に受からないのでは…と不安になった。

これではいけないと、どうやったら眠くならないのかをネットで調べてみた。どのサイトを見ても一番に書いてあるのが、コーヒーを飲むと目が覚めるということだった。紅茶はコーヒーほどの効果はないようだ。また、コンビニには目が覚めるようになるための飲み物も売っている。ただ、飲みすぎるとよくない。

あるサイトに、私のように午後眠くなって困っている人の話が書いてあった。彼はいつも、昼食の後とても眠くなって、やらなければならない仕事がなかなか進まなかったそうだ。それで彼は、パンやごはんを食べすぎないようにした。それらを食べすぎると、後でとても眠くなってしまうからだ。それまで昼食はパンやおにぎりなどだったが、家で小さいお弁当を作って、バランスよく食べるようにした。おなかがいっぱいになる前に食べるのをやめたり、ゆっくり食べたりすることもいいので、やってみた。

そしてある時、同僚が、困っている彼を見て「学校や会社で昼②寝をする国があるんだって」と話してくれたそうだ。彼は早速、昼食の後に15分だけ机で、座ったまま寝ることにした。すぐに眠れるのか、時間が短すぎるんじゃないか、などと思ったが、あっという間に寝てしまっていた。15分経って起きると頭がすっきりしていて、その日の午後は全く眠くならなかった。その後も、この2つを続けているそうだ。

どちらも私にもできそうなことなので、これからやってみようと思う。「食事」のほうは、眠くなるのを抑えるだけではなく、健康にもよさそうだ。効果があれば、今度の試験でもいい結果が出そうな気がする。

34 **1 ○**

35 **3 ○**

36 「小さいお弁当」「昼食の後寝る」の2つ。

37 「眠くならない」という効果があれば、午後の試験対策の授業で眠らない。その結果いい成績になる。

27

34　正答 1

他の選択肢

2 →「授業が退屈なわけではなく」とある。

3 →「試験に受からないのでは」と不安になっている。

4 →「先生に注意されるから試験に受からない」と思ってはいない。

35　正答 3

他の選択肢

1 →ゆっくり食べるのは体にいいと書いてある。

2 →おなかがいっぱいになる前に食べるのをやめている。

4 →「疲れがとれない」とは書いていない。

36　正答 2

他の選択肢

1 →目が覚める飲み物が売ってあることは書いてあるが、飲んではいない。

3 →紅茶を飲むとどういう気分になるかは書いていない。

4 →「パンやごはんを食べすぎると眠くなる」と書いてある。

37　正答 3

他の選択肢

1 →「昼も夜も勉強する」とは書いていない。

2 →健康になれば成績が上がるのではない。

4 →誰でもいい結果が出せるとは書いていない。

ことばと表現

□ 対策：measure; countermeasure ／対策／ phương án đối phó, xử lí

□ 同僚：colleague ／同事／ đồng nghiệp

□ 抑える：restrain; control ／控制／ kìm hãm, kìm chế, hạn chế

問題7（情報検索）「子供向けイベント」

港南市キッズフェスティバル ボランティア募集！

子供が楽しめる、たくさんのイベントがあるキッズフェスティバル。
ボランティアとしていっしょに頑張ってくれる人を募集しています。

●活動日時
準備日：20XX 年 10 月 19 日（金）
　　　①14：00～18：00
当日：10 月 20 日（土）
　　　②9：00～13：30
　　　③13：30～18：00
　　　④18：00～20：00
21 日（日）
　　　⑤9：00～13：30
　　　⑥13：30～18：00
　　　⑦18：00～20：00

●募集人数
10 月 19 日（金）30 名
10 月 20 日（土）、21 日（日）　①④20 名、②⑤30 名、③10 名、⑥15 名

●仕事内容
準備日：会場準備など
当日：会場案内、駐車場案内、受付、片付け、その他手伝い

●お申し込み条件
市内に住んでいる 15 歳以上の方
④⑦は 18 歳以上の方

●申し込みしめ切り
9 月 14 日（金）
※申し込みが募集人数になったら締め切ります。

●申し込み方法
①ホームページから申し込む
②名前・住所などを書いて、郵送　※FAX 受付は行いません

●お問い合わせ先
キッズフェスティバル事務局
〒 870-8852
港南市やまと町 81-46　「キッズフェスティバル事務局　ボランティア係」
電話：062-523-9988　E メール：kidsfes@kids.co.jp
URL：https://www.kidsfes.co.jp

38　④⑦は 18 歳以上なので×。平日と土曜午前中はできない。　①②×

39　申し込みが多かったら締め切られて間に合わない。早めに申し込んだほうがいい。

39　ホームページから申し込むか、郵便。

38　正答2

（他の選択肢）

1→平日は学校なので①が×。
3→土曜の午前中はクラブ活動なので②が×。
4→夜は 18 歳以上でないといけないので④⑦が×。

39　正答4

（他の選択肢）

1→9 月 14 日「に」ではない。早めに申し込まないと締め切られてしまう。
2→電話での申し込みはできない。
3→E メールでの申し込みはできない。ホームページに応募用紙があるかも書かれていない。

聴　解

問題1（課題理解）

れい　正答1

　　会社で、女の人と男の人が話しています。女の人は、このあと、まず何をしなければなりませんか。

F：ABC広告の川島部長が、そろそろいらっしゃる時間ですね。

M：うん。資料のコピーはしてくれた？

F：はい、こちらです。6部で足りますか。

M：そうだね、ありがとう。いらしたら、2階の会議室に案内してくれる？　ぼくはもう一つ資料を持って行くから、その間にお茶を出しておいて。

> 資料のコピーはもう済んでいる。
> **2×**

F：わかりました。あ、エアコンもつけておきますね。

M：ああ、それはさっき田中さんがやってくれたみたい。じゃ、よろしくね。

> 「それは必要ない」と伝えている。
> **4×**

F：はい。

　　女の人は、このあと、まず何をしなければなりませんか。

1　きゃくをかいぎ室にあんないする
2　しりょうをコピーする
3　きゃくにお茶を出す
4　かいぎ室のエアコンをつける

1ばん　正答2

<ruby>話者<rt>わしゃ</rt></ruby>のとるべき<ruby>行動<rt>こうどう</rt></ruby>の<ruby>具体的内容<rt>ぐたいてきないよう</rt></ruby>>を<ruby>問<rt>と</rt></ruby>う<ruby>問題<rt>もんだい</rt></ruby>。

　　会社で、男の人と女の人が話しています。男の人はまず、何を
しなければなりませんか。

F：松田さん、ちょっとお願いがあるんですが。

M：何ですか。

F：急にお客様のところに行かなければならなくなって。でも、
　　一つ、今日中に送らなければならない資料があるんですよ。
　　代わりに送ってもらえませんか。

M：それはいいんですが、ぼくができる内容ですか。

F：ええ、資料はできているんです。これを封筒に入れて送って
　　ほしくて。

M：はい。あ、これ、6月2日になってますよ。

F：あ、ほんとだ！　今日は7月2日でしたね。資料はメールで
　　送るから、そこだけ直してもう一度印刷してもらえませんか。

M：はい。

F：そうだ、部長にも見せないと。印刷したら確認してもらって
　　ください。もし大きく変える必要があったら、私に連絡をく
　　れますか。

M：はい、わかりました。

F：よろしくお願いします。

　　男の人はまず、何をしなければなりませんか。

1　資料を印刷する
2　資料を直す
3　部長に見せる
4　女の人に連絡する

> <ruby>資料<rt>しりょう</rt></ruby>に<ruby>間違<rt>まちが</rt></ruby>いが
> あったので、その
> まま<ruby>送<rt>おく</rt></ruby>れない。

> まず<ruby>資料<rt>しりょう</rt></ruby>のデータ
> を<ruby>直<rt>なお</rt></ruby>して、それか
> ら<ruby>印刷<rt>いんさつ</rt></ruby>する。

ことばと表現

□<ruby>資料<rt>しりょう</rt></ruby>：materials ／资料／ tài liệu

□<ruby>印刷<rt>いんさつ</rt></ruby>(する)：(to) print ／印刷／ in, in ấn

2ばん　正答4

＜話者のとるべき行動の具体的内容＞を問う問題。

> ホテルで、受付の人と女の人が話しています。女の人はいくら払いますか。
>
>
> M：いらっしゃいませ。
>
> F：今日予約している田中です。
>
> M：田中様ですね。本日4名様のご予約ですね。ありがとうございます。お一人様 10,000 円で、合計 40,000 円です。
>
> F：あ、それなんですが……一人来られなくなって。すみません、連絡していなくて。
>
> M：そうですか……。大変申し訳ありませんが、当日のキャンセルはそのまま代金をいただくことになっておりまして……。
>
> F：そうなんですか。30,000 円になるかと思っていました。
>
> M：申し訳ありません。
>
> F：わかりました。あ、ここに書いてある 3,000 円の割引券って何ですか。
>
> M：そちらは、市内に住んでいる方が使える割引券なんです。
>
> F：そうですか。残念。
>
>
> 女の人はいくら払いますか。
>
>
> 1　27000 円
>
> 2　30000 円
>
> 3　37000 円
>
> 4　40000 円

予約は、4人で合計 40,000 円。

「いただく」は、「もらう」の謙譲語。「～ことになっている」は、「～という規則だ」という意味。当日のキャンセルは、そのまま予定通りに払わなければならない。

ことばと表現

□**キャンセル**：cancel ／取消／ hủy, hủy bỏ

□**代金**：cost ／价钱／ 费用／ phí (tiền)
だいきん

□**割引券**：discount ticket ／优惠券／ phiếu giảm giá
わりびきけん

3ばん　正答2

<話者のとるべき行動の具体的内容>を問う問題。　

> 授業で、先生が話しています。学生はこの後まず何をしますか。
>
> 先生：今日は、日本の文化について勉強します。みなさんそれぞれ、興味があって、調べたことがあるものもあると思います。これから日本の文化についてのビデオを見ますが、その前に、近くに座っている人と、自分が興味のある日本の文化について話してください。それからビデオを見て、新しく知ったことや興味があることをメモしてください。その中から一つテーマを決めて、レポートを書きます。
>
> 学生はこの後、まず何をしますか。
>
> 1　ビデオを見る
> 2　近くの人と話す
> 3　メモをする
> 4　レポートを書く

ビデオを見る前に、近くに座っている人と話す。

ことばと表現

□テーマ：theme ／題目 / 主題／ chủ đề

4ばん　正答1

<話者がこれからする行動>を答える問題。

夫と妻が話しています。夫はこれから何をしますか。

M：今度の日曜日、ひろしの誕生日だね。誕生日に何か考えてる？

F：そうねえ。10歳になるから、みんなでパーティーしてお祝い
　してあげたいね。

M：そうだね。おじいちゃん、おばあちゃんも呼んで、にぎやか
　なパーティーにしたいね。

F：じゃあ、二人の予定を聞かなきゃ。あとで電話してくれる？

M：いいよ。食事とケーキはどうする？

F：料理は私が作るわ。ケーキは駅前のフランス屋に注文しとく。
　あそこ、おいしいからね。プレゼントは？

M：そうだねえ。ひろしは最近どんなものに興味があるのかなあ。

F：新しいゲームを欲しがっていたけど、ゲームはちょっとね…。

M：じゃあ、前の日に一緒に買いに行ってくるよ。ひろしと相談
　しながら決める。

F：わかった。いいものを選んであげてね。私は料理のメニュー
　を考えないと。

夫はこれから何をしますか。

1　祖父と祖母に電話する
2　ケーキ屋に電話する
3　息子とプレゼントを買いに行く
4　料理のメニューを考える

> 〈誰が何をするのか〉を整理しながら聞く。依頼の表現「～てくれる？」と受ける表現「いいよ」に注目。〈いつするのか〉もポイント。「これから」「あとで」などを聞き取る。

ことばと表現

□**お祝い**：celebration／祝賀／庆祝／chúc mừng

□**～しとく**：「～しておく」を短くした言い方。

5ばん　正答3

<ruby>話者<rt>わしゃ</rt></ruby>がある<ruby>行動<rt>こうどう</rt></ruby>をする<ruby>時間<rt>じかん</rt></ruby>＞を<ruby>答<rt>こた</rt></ruby>える<ruby>問題<rt>もんだい</rt></ruby>。

<ruby>学生<rt>がくせい</rt></ruby>と<ruby>先生<rt>せんせい</rt></ruby>が<ruby>話<rt>はな</rt></ruby>しています。<ruby>学生<rt>がくせい</rt></ruby>はあした、<u>何時</u>に<u>来ますか</u>。

F：先生、あしたのセミナーの準備、何か手伝うことはありませんか。

M：そうだねえ…。資料の準備はもう終わってるし、今日することはもうないなあ。

F：あの、会場は何もしなくて大丈夫でしょうか。

M：いや、講師の山田先生が、実際の場所を見てからレイアウトを考えたいっておっしゃっていたから、会場の準備は明日するんだよ。

F：そうですか。じゃあ、明日、お手伝いします。

M：ありがとう。助かるよ。

F：何時に来ればいいですか。

M：そうだねえ。先生は1時間前にいらっしゃるんだけど、<u>その30分前</u>に来てくれる？　ほかにも頼みたいことがあるから。

F：わかりました。セミナーは1時からでしたよね。

M：そうだよ。あ、それから昼食なんだけど、スタッフにはお弁当を用意するから、準備が終わってからそれを食べて。

F：そうですか。ありがとうございます。でも、セミナーをちゃんと聞きたいので、準備の前にいただければと思うのですが。<u>もう30分早く来ますので。</u>

M：いいですよ。もちろん。

<ruby>学生<rt>がくせい</rt></ruby>はあした、<ruby>何時<rt>なんじ</rt></ruby>に<ruby>来<rt>き</rt></ruby>ますか。

1	12時
2	11時半
3	11時
4	10時半

> 時間を聞かれているので、時間が出てきたらメモをとるなどしておく。セミナー開始の時間が後で話されるので、要注意。

ことばと表現

□**講師**<rt>こうし</rt>：speaker ／讲师／ giáo viên

□**レイアウト**：机などの<ruby>並<rt>なら</rt></ruby>べ<ruby>方<rt>かた</rt></ruby>。

6番　正答3

<話者がある行動をする日時>を答える問題。

男の人と女の人が電話で話しています。男の人はいつ体育館を使いますか。

F：はい、南市体育館です。

M：すみません、体育館を利用したいんですが、予約をお願いできますか。

F：ご予約ですね。いつがよろしいですか。

M：今度の日曜日、バスケットコートを1面使いたいんですが。

F：14日、日曜日ですね。何時から何時までですか。

M：午後3時から6時までです。

F：ああ、5時から予約が入っています。5時までなら使えますが。

M：じゃあ、2時から5時まででお願いできますか。

F：すみません、前の時間も入っていますね。3時まで入っています。

M：そうですか…。となると、2時間ですか…。片付けなどもその時間内にするんですよね。

F：はい、すべて元に戻していただいて、簡単に掃除もしていただきます。

M：そうですか。じゃあ、ちょっと短いですね。午前は空いていませんか。

F：午前はもう全部予約が入っています。あのー、次の週なら、まだ空いていますが…。

M：次の週っていうと…21日か。まあ、いいですよ、それで。

F：わかりました。時間は、最初のご希望の時間になさいますか

M：はい。それでお願いします。

男の人はいつ体育館を使いますか。

1　14日日曜日の3時から5時
2　14日日曜日の午前
3　21日日曜日の3時から6時
4　21日日曜日の2時から5時

希望時間についての会話を整理しながら聞く（どの時間がだめなのか、に注意）。最後にはっきり時間を言わないので、ポイントになる数字やことばをメモする。

問題2（ポイント理解）

れい　正答1　

女の学生と男の学生が電話で話しています。男の学生は、どうして家を出るのが遅くなりましたか。

F：ちょっと早めに着いたから、先に店に行ってくるね。田中君は今どこ？

M：今、家を出たところ。30分くらい待って。

F：えー、遅いよ。お昼食べる時間、なくなっちゃうじゃない。

M：ごめん、実は朝から体がだるくて…。ちょっと熱があるみたいで…。

F：そうなの？　じゃあ、今日のセミナーはやめといたら？

M：…大丈夫だよ。

F：同じようなのを定期的にやってるから、また行けばいいよ。それより家で寝てたほうがいいって。

M：うーん…わかったよ。

男の学生は、どうして家を出るのが遅くなりましたか。

1　ぐあいが悪かったから
2　ねぼうしたから
3　セミナーに行きたくないから
4　お昼を食べていたから

> 体の調子が悪いことを伝えている。相手も家で休むよう、アドバイスしている。　1○

ことばと表現

□だるい：体が重く感じられ、力が入らない。
□セミナー：seminar ／研讨会／ hội thảo
□定期的に：物事が、同じ期間を置いてくり返し行われること。

1ばん　正答3

＜ある出来事が起きた理由＞を問う問題。

男の人と女の人が話しています。男の人はどうして昨日、大家さんに注意されましたか。

M：昨日、大家さんに怒られちゃったんだ。

F：そうなの？　どうして？　夜にうるさかったとか？

M：ぼくは静かだったと思うよ。テレビは見るけど音は大きくないし。隣の人は夜楽器を弾いててうるさいけど。

F：じゃ、何？　ああ、ごみをちゃんと分けてなかったんでしょ。

M：分けてはいたんだけどね。出す日を間違えて。今週じゃなくて来週の木曜だったんだ。

F：ああ、それはよくないね。

M：うん。そういえば、上の階の人は夜遅くに洗濯するんだよね。あれも大家さんに言ったら注意してもらえるのかなあ。

F：どうだろう。一度話してみたら？

M：うん、そうする。

女の人は、（男の人が）ごみについて注意されたのではないかと思った。→そのことに対する返事：今週の木曜はごみの日ではないのに、ごみを出してしまった。

3○

男の人はどうして昨日、大家さんに注意されましたか。

1　夜にがっきをひいたから
2　テレビの音が大きかったから
3　ちがう日にごみを出したから
4　夜おそくにせんたくをするから

ことばと表現

□楽器：instrument ／乐器／ nhạc cụ

2ばん　正答4

＜話の要点についての具体的な内容＞を問う問題。

レストランで、店長がスタッフに話しています。店長は、何に注意してほしいと言っていますか。

M：おはようございます。昨日は近くで イベント が行われたので、たくさんのお客様に来ていただきました。お客様へのあいさつも元気で明るくできていました。 レジ もあまり並ぶことなく、 スムーズ でしたね。閉店後も、掃除が早く終わりました。でも、昨日は 注文の間違い がいくつかあったようですから、今日は気をつけてください。それでは、今日も一日頑張りましょう。

> 注文の間違いがあった。→気をつけてほしい。注意する ≒ 気をつける。　**4○**

店長は、何に注意してほしいと言っていますか。

1　おきゃくさまにきちんとあいさつをする
2　レジに人がならばないようにする
3　そうじを早く終わらせる
4　注文をまちがえないようにする

ことばと表現

□**イベント**：event ／活动／ sự kiện
□**レジ**：cash register ／收银处／ quầy tính tiền
□**スムーズ**：smooth ／顺利／ suôn sẻ
□**注文の間違い**：注文の扱いを間違えること。

第1回　第2回　第3回　文字・語彙　文法　読解　聴解

3ばん　正答1

<話者のある行動について、理由>を問う問題。　

> 男の人と女の人が話しています。男の人はどうして最近、サッカークラブに入りましたか。
>
> M：ぼく、最近、サッカークラブに入ったんだ。
>
> F：へー、健康によさそうだね。昔やってたの？
>
> M：うん。小学校から高校まで。でも、最近すっかり運動しなくなって、疲れやすくなったからね。体力がつくかと思って。
>
> F：いいね。どんな人たちがいるの？
>
> M：学生もいるし、会社員の人も。60代の人もいるよ。だから、いろいろな友達ができるんだ。
>
> F：へー。楽しそう。始めてみてどう？
>
> M：疲れにくくなったのと、ちょっとやせたかな。あと、やり始めたら、もっとうまくなりたいと思うようになったよ。
>
> F：そうなんだ。私も何かやってみようかな。
>
> 男の人はどうして最近、サッカークラブに入りましたか。
>
> 1　体力をつけるため
> 2　たくさん友達をつくるため
> 3　やせるため
> 4　サッカーが上手になるため

サッカークラブに入ったら、体力がつくと思った。

「友達をつくる」「やせる（ちょっとやせた）」はサッカークラブに入ったあとのこと。　**2・3×**

ことばと表現

□体力：体の全体的な力。

4ばん　正答2

<話者のある行動について、その理由>を答える問題。

1st
15

　　男の人と女の人が話しています。男の人はどうして元気がない
ですか。

F：山田さん、元気がないですね。どうしたんですか。

M：これから病院へ行くんです。

F：え、どこか悪いんですか。

M：たまに胃が痛くなることがあるんです。それで、家族が念の
　　ために病院に行けって。

F：そうなんですか。じゃ、検査を受けるんですね。

M：はい。でも、検査はもう受けたんです、先週。今日はその結
　　果を聞いて、説明を受けるんです。

男の人の返事の内容に注意。

F：そうなんですか。どんな検査だったんですか。

M：胃カメラですよ。

F：ああ…、あれって痛いとか苦しいとかって言いますよね。ど
　　うでしたか。

M：ちょっと気持ち悪かったですが、それほどでもなかったです。

F：そうですか。

M：でも、検査結果が気になって…。むしろ、心配で胃が痛くな
　　りそうですよ。

副詞「むしろ」は
「実際はそうではな
く（反対に）…」など
の意味で、ポイン
トになることを述
べることが多い。

F：大したことなければいいですね。

M：はい。ありがとうございます。

　　男の人はどうして元気がないですか。

1　検査を受けるのが怖いから
2　検査の結果が心配だから
3　検査の結果が良くなかったから
4　検査が大変だったから

第1回

第2回

第3回

文字・語彙

文法・読解

聴解

5ばん　正答3

＜話者のある行動について、その理由＞を答える問題。

　　男の子とお母さんが話しています。男の子はどうして英会話教室へ行きたくないですか。

F：たけし、早く準備しないと英会話教室、遅れるよ。

M：今日は行きたくないんだよ。やめようかなって思ってる。

F：え、どうしたの？　いつも楽しみにしてたのに。

M：うん…。

F：体調悪いの？　朝、くしゃみしてたし。

M：ううん、関係ないよ。ちょっと寒かっただけ。

F：じゃあ、面白くなくなった？　難しくなってきたとか。

M：ううん、英語は好きだよ。話すのも楽しいし。

F：じゃあ、どうして？　ジョン君と英語で話したいからって、
　　通い始めたのに。

M：そのジョンのことなんだよ。

F：けんかでもしたの？

M：ううん。国に帰っちゃうんだ。今日、学校で聞いたんだよ。
　　お父さんの仕事で、来月帰っちゃうんだって。

F：それは急だね。半年前に日本に来たばかりなのに。

M：うん。それで、英会話教室に行っても意味がないなって…。
　　英語で話したい友達がいなくなるんだもん。

F：そっかあ。でも、電話とかオンラインとかあるし、続けたら
　　ずっとジョン君と話せるよ。

M：そうかもしれないけど…。ちょっと考える。

F：わかった。今日は休んでいいよ。先生に電話しとくね。

　　男の子はどうして英会話教室へ行きたくないですか。

1　かぜをひいたから

2　内容が難しくなってきたから

3　友達が国へ帰るから

4　友達とけんかしたから

> お母さんの思った
> ことや言ったこと
> を否定する表現に
> 注目。

6ばん　正答2

<話者のある行動について、その理由>を答える問題。

1st
17

　　夫と妻がインターネットを見ながら話しています。二人はどうしてその部屋を選びませんでしたか。

M：ねえ、ここなんてどう？　広さもちょうどいいし。

F：そうだね。でも、ちょっと駅から遠すぎない？

M：そんなことないよ。駅から徒歩15分。ちょうどいいよ。

F：15分は長いよ。自転車も持ってないし。疲れちゃうよ。

M：いい運動になるよ。それに、このマンション、一階がコンビニだよ。夜中とか朝とか、いつでも買い物ができて便利だよ。

F：ええ？　夜中まで人が来てうるさいんじゃない？　危なそうだし。

M：いや、反対に安全だと思うよ。夜中でも明るくて人もけっこう歩いてるから。

F：私は、静かで公園が近くにあって、子供と安心して生活できる環境がいい。

M：うーん。家賃もそんなに高くないし、いいんだけどなあ。

F：お金の問題じゃないよ。安全が一番。ここも、下がコンビニじゃなければいいんだけどね。

M：わかったよ。ほかを探そう。

　　二人はどうしてその部屋をやめましたか。

1　駅から遠いから
2　マンションの一階がコンビニだから
3　近くに公園がないから
4　家賃が高いから

理由を問う問題では、会話の中でいくつか理由や希望の条件があげられる場合がある。⇒最も重要なもの（話者が強調するもの）を聞き取るように注意。

第1回

第2回

第3回

文字・語彙

文法

読解

聴解

問題3（概要理解）
もんだい　　　　　　がいようりかい

れい　正答2

留守番電話のメッセージを聞いています。

F：田中です。先日は森さんのお祝いの会に誘っていただき、あ
　りがとうございました。私もぜひ参加したいと思っていたの
　ですが、昨日から娘が熱を出してしまいました。夫も明日は
　仕事ですし。今回はちょっと行けそうにありません。皆さん
　とも久しぶりで、お会いできるのを楽しみにしていたので、
　とても残念です。森さんには、また私からも電話します。本
　当にすみません。

田中さんが一番言いたいことは何ですか。

1　娘が熱を出している
2　お祝いの会には参加できない
3　みんなに会うのが楽しみだ
4　森さんに電話しておく

話の中心は、（会の
誘いに対して）行け
ないという返事を
伝えること。行け
ない理由や残念に
思う気持ちは、そ
れを補うもの。

2○

1ばん　正答3

<話のテーマ>を問う問題。

> 大学で、女の人が学生に話しています。
>
> F：みなさん、もうすぐ卒業ですね。引っ越しをする人は、いろ
> いろとやることがあるので気をつけてください。引っ越しを
> する人は、電気・ガス・水道の会社に連絡しなければなりま
> せん。携帯電話の会社にもですね。手続きは、インターネッ
> トでもできると思います。ちがう県や海外へ行く人は、銀行
> をもう使わなそうだったら、口座を閉じる必要があります。
> それから、卒業したあとも使える連絡先を、事務室に伝えて
> おいてくださいね。
>
> 女の人は、何について話していますか。
>
> 1　卒業するためにすること
> 2　インターネットでできる申し込み
> 3　引っ越しの前にすること
> 4　これからの生活で注意すること

ここからあとは、「引っ越しの前にすること」について話している。 3○

ことばと表現

□口座を閉じる：銀行でこれまで使っていた口座の利用をやめること。

2ばん　正答4

1st
22

<話者が一番言いたいこと>を問う問題。

テニスの大会で、アナウンサーが優勝した選手にインタビューしています。

F：優勝、おめでとうございます。今のお気持ちをお聞かせください。

M：ありがとうございます。今年はなかなか成績が上がらなくて、参加をあきらめようかと思うこともありました。しかも、途中でけがもしてしまって……。でも、ファンのみなさん、家族、ずっと一緒に練習してきた仲間、たくさんの方々に応援していただいて、練習を続け、こうして優勝することができました。力を出せたのは、みなさんのおかげです。感謝の気持ちでいっぱいです。

この選手が言いたいことは何ですか。

1	簡単にあきらめてはいけない
2	けがをしたら大変だ
3	練習を続けることが大切だ
4	多くの人に助けてもらった

けがをしたことは述べているが、「大変だ」とは言っていない。
2 ×

練習を続けたことは述べているが、特に「大切だ」とは言っていない。
3 ×

「～のおかげ」は、「いい結果になったのは～が原因だ」という意味。感謝の気持ちを伝えるときによく使われる。
4 ○

「～てもらう」は、相手がしたことについて、感謝の気持ちが入っている表現。

ことばと表現

□アナウンサー：announcer ／播音员／ phát thanh viên

□ファン：fan ／粉丝／ người hâm mộ

3ばん　正答4

＜話のテーマ＞をとらえる問題。

> 大学で先生が話しています。
>
> えー、みなさん。子供のころの夢は何でしたか。スポーツ選手や歌手、あるいは、アニメのキャラクターや映画のヒーローになりたい、なんて思ったこともあると思います。でも、実際はその夢を実現させるのは難しいですよね。子供たちはいつそれに気が付くのでしょうか。ある調査によると、男の子は10歳ぐらいで気づくのに対して、女の子は5歳ぐらいなのだそうです。つまり、女の子は男の子より早く夢をあきらめてしまうのです。この授業では、どうしてこのような違いがあるのか、ということなど、いろいろな男女の違いについて考えていきたいと思います。
>
> この授業は何について勉強しますか。
>
> 1　子供のころの夢をかなえる方法
> 2　なりたい職業についての調査
> 3　夢をあきらめる年齢
> 4　男と女の考え方の違い

> 具体的な例だけを聞くのではなく、まとめの部分をしっかり聞き取る。

ことばと表現

□ **実現（する）**：(to) realize; (to) actualize ／实现／ thực hiện
じつげん

問題4（発話表現）
_{もんだい} _{はつ わ ひょうげん}

れい　正答2
_{せいとう}

_{1st}
25

お客さんのコップが汚れています。何と言います
_{きゃく} _{よご} _{なん い}
か。

1　これ、よごしてもいいですか。
2　これ、汚れてるんですけど。
3　これ、よごれたほうがいいですよ。

「〜んですけど」は相手に不満や注意を伝えると
_{あいて ふまん ちゅうい つた}
きによく使う表現で、少し調子をやわらかくした
_{つか ひょうげん すこ ちょうし}
言い方。
_{い かた}

1番　正答1
_{ばん} _{せいとう}

_{1st}
26

図書館で、おしゃべりをしてうるさい人がいます。
_{と しょかん} _{ひと}
注意します。何と言いますか。
_{ちゅう い} _{なん い}

1　あのう、もう少し静かにしていただけません
_{しず}
か。

2　えーと、小さい声で話したほうがいいでしょ
_{ちい こえ はな}
うか。
3　すみません、うるさかったですね。

1→「〜ていただけませんか」は、相手に頼むと
_{あいて たの}
きの表現。
_{ひょうげん}
2→「〜たほうがいいでしょうか」だと、自分が
_{じ ぶん}
することについて相手に聞いている。
_{あいて き}

ことばと表現

□**おしゃべり** chat ／聊天／说话／ nói chuyện,
người hay nói

2番　正答3
_{ばん} _{せいとう}

_{1st}
27

バスが来ました。これに乗り遅れると困ります。
_き _{の おく こま}
友達に何と言いますか。
_{ともだち なん い}

1　今出発したところなんだよ。
_{いましゅっぱつ}
2　もう行っちゃったんだって。
_い
3　早く！　急がないと。
_{はや} _{いそ}

1・2→もう出発してしまっている。
_{しゅっぱつ}

3番　正答2

自転車をとめたいですが、混んでいます。係の人
に何と言いますか。

1　あのう、ここに置くことにしましょうか。
2　あのう、空いているところありますか。
3　あのう、とまってもらってもいいですか。

1→「～ことにする」は、「～すると決める」とい
　う意味。
2→自転車を止める場所があるかを聞いている。
3→自転車を置くときには「とめる」で、「とま
　る」ではない。また、「～てもらってもいい
　ですか」は、相手に何かを頼むときに使う。

4番　正答3

食事をするテーブルに、食べ物や飲み物を運びた
いです。友達に何と言いますか。

1　ねえ、運んであげてよ。
2　運ぶの、手伝ってほしいんじゃない?
3　私、これ運ぶから、そっちお願い。

1→「～てあげて」は、相手に、ほかの人への協
　力を頼むときに使う。
2→「あなたは、ほかの人に『手伝ってほしい』
　と思っているでしょう」という意味。

問題5（即時応答）

れい　正答1

M:すみません、お聞きしたいことがあるんですが。

1　はい、何ですか。
2　はい、聞きました。
3　はい、大きくしてください。

「お聞きしたい」は「聞きたい」という意味の敬語
表現。話しかけられたときに言う「何ですか」は、
「用件は何ですか」などの意味。

1ばん　正答1

A:先生、今日はテスト、あるんですね?
B:1　はい、予定どおりですよ。
　　2　そうですか、みんなに伝えておきますね。
　　3　ええ、ないなんて残念ですね。

1→「テストがあるか」という確認に、「予定どお
りです(=テストがある)」と答えている。

2ばん　正答1

A:ここで食事をしてはいけないことになってい
　るんです。
B:1　あ、そうなんですね。失礼しました。
　　2　えっ、いいんですか。ありがとうございます。
　　3　わかりました。食事だったらいいんですね。

「～ことになっている」は、規則として決まって
いる、という意味。してはいけない場所で食事し

ていることを注意されている。

3ばん　正答3

A：忙しそうだね。何か私にできることある？

B：1　え？　何もしてくれないんだ。
　　2　うん、なんでも頼んでよ。
　　3　じゃ、これ、お願いしていい？

「自分ができることなら手伝いたい」という気持ちを表している。
2→「頼んで」だと、相手が自分に頼むことになる。

4ばん　正答3

A：田中さんが、今日の昼食、いっしょにどうかって。

B：1　ええ、おいしかったと思います。
　　2　田中さんが無理なら、しかたないですね。
　　3　すみません、ちょっと用があるんです。

「いっしょにしよう」という、誘いの表現。
3→誘いを断るときによく使う。
例　ごめんなさい。今日はちょっと用事があって。

5ばん　正答2

A：吉田さんほど親切な人っていないよね。

B：1　吉田さんって親切じゃないの？
　　2　うん、あんな人、なかなかいないと思う。
　　3　私もそんなに親切じゃないと思う。

Aは「〜ほど…なものはない」「〜ほど…な人はいない」を使った表現。

6ばん　正答1

A：すみません、この案内、1ついただいてもいいでしょうか。

B：1　どうぞ、お持ちください。
　　2　はい、いただきます。
　　3　拝見したいと思っていました。

「いただいてもいいでしょうか」は「もらっていいですか」の丁寧な表現。
2→「いただきます」は「もらいます」の謙譲語なので、自分がもらうことになってしまう。
3→「拝見したい」は「見たい」の謙譲語。

7ばん　正答1

A：もうすぐみんな来るから、コップとお皿を出しておこうか。

B：1　じゃ、私持ってくるね。
　　2　来てからだと遅くない？
　　3　え？　もう出してあるの？

みんなが来る前に、コップとお皿を出して準備しようと言っている。
2→来る前に出すので、×。
3→まだ出していないので、×。

8ばん　正答2

A：山田さんに連絡したいんですが、電話番号、ご存じですか。

B：1　うん、会ってみたいよね。
　　2　うーん、連絡先は知らないなあ。
　　3　へえ、連絡してたんだ。

「ご存じです」は「知っています」の尊敬語。
3→まだ連絡していない。

9ばん　正答3

A：田中さん、実習のレポート、もう書き終わった？

B：1　早く終わるといいですね。
　　2　レポート、やっと終わったの？
　　3　うん、できたよ。山本さんは？

1・2→質問に答えていないので×。

模擬試験 第2回 解答・解説（かいとう・かいせつ）

言語知識（もじ・ごい）第2回解答（だいにかいかいとう）

聴解（ちょうかい）

問題1

問	①	②	③	④
れい	●		③	④
1	①	②	③	④
2	①	②	③	④
3	①	②	●	④
4	①	②	③	④
5	①	②	③	④
6	①	②	③	④

問題2

問	①	②	③	④
れい	①	②	③	④
1	①	②	③	④
2	①	②	③	④
3	①	②	③	④
4	①	②	③	④
5	①	②	③	④
6	①	②	③	④

問題3

問	①	②	③	④
れい	①	②	③	④
1	①	②	③	④
2	①	②	③	④
3	①	②	③	④

問題4

問	①	②	③	④
れい	①	②	③	④
1	①	②	③	④
2	①	②	③	④
3	①	②	③	④
4	①	②	③	④

問題5

問	①	②	③
1	①	②	③
2	①	②	③
3	①	②	③
4	①	②	③
5	①	②	③
6	①	②	③
7	①	②	③
8	①	②	③
9	①	②	③

言語知識（文法）（ぶんぽう）・読解（どっかい）

問題1（問1〜13）／**問題2**（問14〜18）／**問題3**（問19〜23）

（問1〜23、各①②③④）

問題4（問24〜27）／**問題5**（問28〜33）／**問題6**（問34〜37）／**問題7**（問38〜39）

（問24〜39、各①②③④）

言語知識（文字・語彙）（もじ・ごい）

問題1（問1〜8）／**問題2**（問9〜14）／**問題3**（問15〜25）

（問1〜25、各①②③④）

問題4（問26〜30）／**問題5**（問31〜35）

（問26〜35、各①②③④）

言語知識（文字・語彙）
げんごちしき　もじ　ごい

問題1
もんだい

1 正答2
せいとう

□ 日常：daily life ／日常／ thường nhật
にちじょう

▶ □ 日＝ニチ、ジツ／ひ、か
　例 毎日、休日、日付、二日
　　まいにち　きゅうじつ　ひづけ　ふつか

▶ □ 状＝ジョウ／つね
　例 常識、常に
　　じょうしき　つね

2 正答4
せいとう

□ 覚める：awaken ／醒／ tỉnh giấc
さ

▶ □ 覚＝カク／おぼーえる、さーます、さー
　　める
　例 感覚／単語を覚える、目を覚ます、目
　　かんかく　たんご　おぼ　　め　さ　め
　が覚める
　　さ

3 正答4
せいとう

□ 快適(な)：pleasant ／舒适的／ dễ chịu,
かいてき
thoải mái

▶ □ 快＝カイ／こころよーい
　例 快速、快く引き受ける
　　かいそく　こころよ　ひ　う

▶ □ 適＝テキ
　例 適切(な)、適当(な)
　　てきせつ　てきとう

4 正答3
せいとう

□ 辺り：vicinity ／周围／ xung quanh
あた

▶ □ 辺＝ヘン／あたーり、べ
　例 この辺、この辺り、海辺
　　へん　あた　うみべ

5 正答1
せいとう

□ 全く：completely ／完全／ hoàn toàn
まった

▶ □ 全＝ゼン／まったーく
　例 全部、全くわからない
　　ぜんぶ　まった

6 正答2
せいとう

□ 浅い：shallow ／浅／ nông
あさ

▶ □ 浅＝あさーい
　例 浅い川
　　あさ　かわ

他の選択肢

1 近い　　例 近い店、ほぼ全員に近い
　ちか　　　ちか　みせ　ぜんいん　ちか
3 狭い　　例 狭い部屋、狭い道
　せま　　　せま　へや　せま　みち
4 薄い　　例 薄い色、薄い紙、薄いコーヒー
　うす　　　うす　いろ　うす　かみ　うす

7 正答3
せいとう

□ 戦う：fight ／战斗／ giao chiến, chiến đấu
たたか

▶ □ 戦＝セン／たたかーう
　例 戦争、強いチームと戦う
　　せんそう　つよ　たたか

8 正答1
せいとう

□ 夫婦：husband and wife ／夫妇／ vợ chồng
ふうふ

▶ □ 夫＝フ、フウ／おっと
　例 夫人、夫婦、夫
　　ふじん　ふうふ　おっと

▶ □ 婦＝フ
　例 婦人服
　　ふじんふく

問題2
もんだい

9 正答2
せいとう

□ 渡す：hand over ／递交／ 交出／ đưa, giao cho
わた

▶ □ 渡＝わたーる、わたーす
　例 道路を渡る、メモを渡す
　　どうろ　わた　わた

10 正答4

□ 鳴く：sing, bark, meow ／叫／ kêu, sủa
▶ □鳴＝なーく、なーる、なーらす
　例 鳥が鳴く、雷が鳴る、音を鳴らす

11 正答1

□ 薄い：thin ／薄／ mỏng, nhạt
▶ □薄＝うすーい、うすーめる、うすーまる
　例 薄い色、水を入れて味を薄める、氷が解けてコーヒーが薄まる

12 正答4

□ 自由：free ／自由／ tự do
▶ □自＝ジ、シ／みずから
　例 自分、自然、自ら行う
▶ □由＝ユ、ユウ、ユイ／よし
　例 自由

13 正答3

□ 簡単(な)：simple ／簡単的／ đơn giản
▶ □簡＝カン
　例 簡易（＝やり方などが簡単なこと）
▶ □単＝タン
　例 単独（＝その人だけ、それだけであること）

14 正答3

□ 冷たい：cold ／冷／凉／ lạnh
▶ □冷＝レイ／つめーたい、ひーえる、ひーやす、さーめる、さーます
　例 冷蔵庫、冷たいお茶、冬は足が冷える、ビールを冷やす、料理が冷める、お湯を冷ます

問題3

15 正答2

選択肢は行為を表す動詞。
□ 噛む：bite ／咬／ cắn
　例 ガムを噛む。

他の選択肢

1 なめる　　例 アイスクリームをなめる。
3 酔う　　　例 お酒を飲んで、酔ってしまった。
4 吸う[たばこを]　例 ここでたばこを吸わないでください。

16 正答1

選択肢は状態を表すイ形容詞。
□ 詳しい：よく知っている、知識が多い。
　例 林さんは料理に詳しい。

他の選択肢

2 細い　　例 この道は細くて危ない。
3 偉い　　例 あの子はいつも母親を手伝って偉い。
4 激しい　例 雨が激しくなってきた。

17 正答3

選択肢は人や物の特徴を表す名詞
□ 性質：nature ／天性／ 特性／ tính chất
　例 この木は熱に強い性質を持っている。

他の選択肢

1 気分　例 きょうは天気がいいから、気分がいい。
2 内容　例 くわしい内容を教えてください。
4 流行　例 今、こういう服が流行している。

18　正答2

選択肢は行為や状態を表す動詞。

□ **拭く**：wipe ／擦／ lau
　　例 ティッシュで口を拭く。

他の選択肢

1 乾く　　　例 きょうは洗濯物がよく乾く。
3 掃く　　　例 玄関の前をよく掃いておいてください。
4 濡らす　　例 タオルを濡らして、顔を拭いた。

19　正答3

カタカナ語の知識を問う問題。

□ **ストレート**：まっすぐ。直接的。
　　例 ストレートな表現

他の選択肢

1 スムーズ(smooth)
　　例 計画がスムーズに進む。
2 スペース(space)
　　例 机を置くスペースがない。
4 ストレス(stress)
　　例 ストレスがたまる。

20　正答3

選択肢は状態や気持ちを表すナ形容詞。

□ **無駄**：futile ／浪費／ vô ích, phí phạm
　　例 何時間もゲームをするのは、時間の無駄だ。

他の選択肢

1 残り　　　　例 夕食の残り、残りの時間
2 じゃま(な)　例 じゃまな荷物
4 面倒(な)　　例 面倒な仕事

21　正答4

料理に関する動詞の問題。

□ **炊く**：cook ／煮 / 煮饭／ nấu (cơm)
　　例 毎日お米を炊く。

他の選択肢

1 沸く　　　例 お湯が沸く
2 煮る　　　例 じゃがいもを煮る
3 焼く　　　例 魚を焼く

22　正答1

選択肢は行為を表す動詞。

□ **叫ぶ**：大きい声を出す
　　例 突然、車が出て来たので、「危ない！」と叫んだ。

他の選択肢

2 呼ぶ　　　例 母が私を呼んでいる。
3 問う　　　例 これは漢字の意味を問う問題です。
4 吹く　　　例 風が吹く。

23　正答2

ぎおん語・ぎたい語についての問題。

□ **のんびり**：何もしないでゆっくり過ごす
　　例 連休はどこへも行かずのんびり過ごした。

他の選択肢

1 ぴったり
　　例 この服のサイズは私にぴったりだ。
3 ぐっすり
　　例 朝までぐっすり眠った。
4 そっくり
　　例 あの兄弟はそっくりだ。

24　正答4

選択肢は状態を表す動詞。

□ **飽きる**：grow bored ／厌倦／ chán
　　例 毎日同じような料理を食べると飽きる。

他の選択肢

1 過ぎる
　　例 もう12時を過ぎている。早く寝よう。
2 勝つ
　　例 きのうの試合はBチームが勝った。
3 積む

例 机の上に、本が積んである。
（つくえ うえ ほん つ）

25 正答4
（せいとう）

選択肢は状態を表す名詞。

□ **調子**：condition ／状況／ tinh thần, trạng
（ちょうし）
thái
例 パソコンの調子が悪くて、すぐに止まる。
（ちょうし わる と）

他の選択肢

1 **環境**
（かんきょう）
例 この辺りは静かで環境がいい。
（あた しず かんきょう）

2 **癖**
（くせ）
例 あの人は髪をさわり続ける癖がある。
（ひと かみ つづ くせ）

3 **実力**
（じつりょく）
例 実力がないと、プロの選手にはなれない。
（じつりょく せんしゅ）

問題4
（もんだい）

26 正答1
（せいとう）

状態を表す動詞の問題。

□ **詰める**：（入れ物や乗り物などに）すき間な
（つ）（いもの の もの ま）
くいっぱいに、物や人を入れること。
（もの ひと い）
例 スーツケースにいろいろ詰めすぎてし
（つ）
まった。

27 正答4
（せいとう）

程度を表す副詞の問題。

□ **ますます**：increasingly ／越来越／ ngày

càng
例 彼が入って、このチームはますます強く
（かれ はい つよ）
なった。

28 正答2
（せいとう）

副詞の問題。

□ **思わず**：そうしようと思ったのではないが。
（おも）（おも）
例 その知らせに驚いて、思わず大きな声を
（し おどろ おも おお こえ）

出してしまった。
（だ）

29 正答4
（せいとう）

ナ形容詞の問題。

□ **勝手**：ほかの人のことは考えず、自分のこ
（かって）（ひと かんが じぶん）
とだけを考えて行動する様子。
（かんが こうどう ようす）
例 人の物を勝手にさわらないで！
（ひと もの かって）

30 正答3
（せいとう）

気持ちを表すことばの問題。

□ **腹が立つ**：怒る。怒りを感じる。
（はら た）（おこ いか かん）
例 あまりにひどい言い方で、腹が立った。
（い かた はら た）

問題5
（もんだい）

31 正答4
（せいとう）

□ **まとめる**：ばらばらな状態のものを集めて
（じょうたい あつ）
整理して、一つにすること。
（せいり ひと）
例 みんなの意見をまとめて発表します。
（いけん はっぴょう）

他の選択肢 1 混ぜて、2 集めて、3 つけて、など
（ま）（あつ）
のほうが合っている。
（あ）

32 正答2
（せいとう）

□ **あいまい（な）**：はっきりしない様子。
（ようす）
例 彼のあいまいな態度には、イライラする。
（かれ たいど）

他の選択肢 1 退屈、3 不安、4 ぼんやり、などの
（たいくつ ふあん）
ほうが合っている。
（あ）

33 正答4
（せいとう）

□ **おかわり**：同じものを続けて飲んだり食べ
（おな つづ の た）
たりすること。
例 この店は、コーヒーのおかわりが自由で
（みせ じゆう）
す。

他の選択肢 1 別・ほか、2 注文、3 多い、などの
ほうが合っている。

34 正答1

□ **両替(する)**：(to) exchange money ／破钱
／ 货币兑换／ đổi tiền
例 空港に着いたら、まずドルを円に両替し
よう。

他の選択肢 2 交代して、3 変わる・変化する、4
交換できる、などのほうが合っている。

35 正答3

□ **めったに (〜ない)**：起こることがほとんどな
いこと。
例 こんなチャンスはめったにありません。

他の選択肢 1 なかなか、2 ときどき・たまに、4
すぐに、などのほうが合っている。

言語知識（文法）・読解
げんごちしき　ぶんぽう　　　どっかい

文法
ぶんぽう

問題1
もんだい

1 正答3
せいとう

□ ～きり：～(し)たのを最後に。
さいご

例 弟は朝家を出たきり、夜12時になって
おとうと　あさいえ　で　　　　よる　じ
も帰って来ない。
かえ　こ

他の選択肢

1 とても疲れていて、化粧をしたまま寝てし
つか　　　　　　けしょう　　　　　　　　ね
まった。

2 忙しくて、昨日誰に会ったかさえ覚えていな
いそが　　　　きのうだれ　あ　　　　　　おぼ
い。

4 飛行機の出発時間まで、あと30分しかない。
ひこうき　しゅっぱつじかん　　　　　　　ふん

2 正答4
せいとう

□ ～くせに：～だが、それとは違って。
ちが

例 夫は料理をしないくせに、私が作った料
おっと　りょうり　　　　　　　　わたし　つく　りょう
理に文句を言う。
り　もんく　い

他の選択肢

1 コンビニへ行くたびに、このジュースを買っ
い　　　　　　　　　　　　　　　　か
ている。

2 海外旅行に行くために、貯金をしている。
かいがいりょこう　い　　　　　　ちょきん

3 みんなで飲めるように、お茶をたくさん買っ
の　　　　　　　　ちゃ　　　　　か
て来た。
き

3 正答2
せいとう

□ ～なさいます：「する」の尊敬語。
そんけいご

例 色は、どれになさいますか。
いろ

他の選択肢

1 ごゆっくりお召し上がりください。
め　あ

3 田中さんは、いらっしゃいますか。
たなか

4 林さんは、アメリカに行かれたとうかがいま
はやし　　　　　　　　　　　　い
した。

4 正答3
せいとう

□ ～なあ：文末に付いて、深く感じている様
ぶんまつ　つ　　　ふか　かん　　　　　よう
子を表す。
す　あらわ

例 将来、こんな大きい家に住めたらいいな
しょうらい　　　おお　いえ　す
あ。

他の選択肢

1 傘を持って来るとよかった。
かさ　も　く

2 ここを直せば、もっとよくなる。
なお

4 明日のパーティー、私も参加してもいいかし
あした　　　　　　　わたし　さんか
ら。

5 正答1
せいとう

□ ～ばかり～ている：ほかには関心を向けず、
かんしん　む
あるものに集中している様子。
しゅうちゅう　ようす

例 甘い物ばかり食べていると、太りますよ。
あま　もの　　　た　　　　　　ふと

他の選択肢

2 手が痛くて、箸を持つことすらできない。
て　いた　　　はし　も

3 急いで家を出たので、携帯電話さえ持って来
いそ　いえ　で　　　　けいたいでんわ　　　も　く
るのを忘れてしまった。
わす

4 財布の中に、小銭しか入っていない。
さいふ　なか　こぜに　　　はい

6 正答4
せいとう

□ ～といえば：～と聞いてイメージするのは。
き
～についてすぐに思い浮かぶのは。
おも　う

例 日本料理といえば、お寿司ですね。
にほんりょうり　　　　　　すし

他の選択肢

1 今回は出張で来ましたが、次は旅行客として
こんかい　しゅっちょう　き　　　　つぎ　りょこうきゃく

この町に来たいです。

2 旅行に行く<u>といっても</u>、2日だけです。

3 王さんにプレゼントをあげる<u>としたら</u>、何がいいでしょうか。

---

7 正答4

□ **～たびに**：～するときはいつも。

例 新しい携帯電話が出る<u>たびに</u>、買ってしまう。

他の選択肢

1 地震の研究をする<u>ために</u>日本へ来ました。

2 会議<u>のときに</u>配る資料です。

3 今日は12月<u>のわりに</u>暖かい。

---

8 正答3

□ **～そうにない**：～するように思えない。

例 しばらく雨が止み<u>そうにない</u>。

他の選択肢

1 驚い<u>たことに</u>、田中さんと川本さんが結婚するらしい。

2 今日は暑くて、<u>夏みたいだ</u>。

4 メールの件名は、<u>このように</u>書いてください。

---

9 正答2

□ **～って[伝聞]**：～そうだ。

例 会社の向かいのカフェ、閉店するんだ<u>って</u>。

他の選択肢

1 明日は祝日<u>だっけ</u>。

3 この店には二度と来る<u>ものか</u>。

4 初めてするときは、うまく行かない<u>ものだ</u>。

---

10 正答1

□ **～まで**：（それだけでなく）～も。驚く気持ちを含む。

例 彼女は猫が大好きで、家に猫専用のお風呂<u>まで</u>作っている。

他の選択肢

2 月末<u>までに</u>報告書を提出してください。

3 この店は現金<u>しか</u>使えない。

4 彼は勉強もスポーツもできる。<u>しかも</u>、ピアノも上手だ。

---

11 正答3

□ **たとえ～ても**：～ということになっても。考えや状況などが、これまでと変わらないことを表す。

例 <u>たとえ</u>足が折れ<u>ても</u>、最後まで走るつもりだった。

他の選択肢

1 リサさんは、<u>たしか</u>この辺りに住んでいる。

2 言われてみると、<u>たしかに</u>このお茶は花の香りがする。

---

12 正答2

□ **見える**：「来る、現れる」の尊敬語。

例 10時にご予約のお客様が<u>見え</u>ました。

他の選択肢

1 初めて<u>お目にかかります</u>。山田でございます。

3 3時ごろ、そちらに<u>参ります</u>。

4 初めまして。大木と<u>申します</u>。

---

13 正答4

□ **ただし**：そうであるが。前で述べたことに注意や条件、例外などを付け足す表現。

例 この店は300円でラーメンが食べられる。<u>ただし</u>、一日20人までだ。

他の選択肢

1 このかばんは売れている。<u>なぜなら</u>、軽くて丈夫でオシャレだからです。

2 今日は雨ですね。<u>ところで</u>、週末は何をして

いましたか。

3 この店は突然行っても入れない。<u>つまり</u>、予約（みせ）（とつぜん い）　　　（はい）　　　　　　　（よ）
約したほうがいいということだ。
（やく）

問題2
もんだい

14 正答2
せいとう

初めてなんだから ₄<u>失敗しても</u> ₁<u>それほど</u> ₂<u>気にする</u> ₃<u>ことは</u> ないよ。

⇒ 初めてなんだから、〈失敗しても〉、それほど [〈気にすること〉はない]よ。

15 正答3
せいとう

山川さんが会社を ₂<u>やめる</u> ₄<u>のが</u> ₃<u>本当だ</u> ₁<u>としたら</u> みんな悲しむだろうね。

⇒ 【[山川さんが 〈会社をやめる〉の] が本当だ】としたら、〈みんな悲しむ〉だろうね。

16 正答4
せいとう

₃<u>いくら</u> ₁<u>試験が</u> ₄<u>近い</u> ₂<u>と言っても</u> 毎日徹夜で勉強するのは 健康によくない。

⇒ [いくら〈試験が近い〉と言っても]、[〈毎日徹夜で勉強する〉の]は〈健康によくない〉。

17 正答2
せいとう

何度も頼んでいるが、夫は ₃<u>たばこを</u> ₁<u>やめよう</u> ₂<u>と</u> ₄<u>しない</u>。

⇒ 〈何度も頼んでいる〉が、夫は[〈たばこをやめよう〉としない]

18 正答1
せいとう

私が作った料理に文句ばかり言うなら 自分で ₃<u>好きな</u> ₄<u>ものを</u> ₁<u>作れば</u> ₂<u>いい</u> のに。

⇒ [〈私が作った料理〉に文句ばかり言う]なら、[自分で〈好きなもの〉を作ればいい]のに。

問題3

19 正答4
原因を表す文型を問う問題。

20 正答1
２つの物の比較を表す文型を問う問題。

21 正答2
状態を表す文型の区別を問う問題。

22 正答1
動詞の形を問う問題。

23 正答3
状態を表す文型の問題。

ストレートネック

　最近、肩こりや首の痛みに悩んでいる人が増えています。その原因は、スマホを見る姿勢に 19 ストレートネック (straight neck)になっているからだと言われています。

　ストレートネックとは、正常な首の骨が「く」の字のようにカーブしているのに 20 、首の骨が真っすぐになってしまっていることを言います。スマホを使うとき、長い時間、下を向き 21 という人もいます。首が傾いたままだと、首に大きな負担をかけ、首の骨のカーブがだんだん 22 いきます。

　ストレートネックになると、首や肩が痛くなったり、頭痛や吐き気、めまいがすることがあります。ストレートネックになるのを防ぐために、スマホを見るときは、スマホを持つ手を目の高さまで上げ、長時間、下を向いた 23 にならないようにしましょう。

> ◯ の前後で反対の内容になっている。それに合うものをえらぶ。　1◯

> 「が」に注意。自動詞か受身形が入る。　1◯

ことばと表現

□悩む：to be troubled ／烦恼／ băn khoăn, lo lắng, phiền muộn

□姿勢：attitude; posture ／姿势／ tư thế

□正常(な)：normal ／正常的／ đúng, chuẩn

□傾く：incline; tilt ／倾向于／ nghiêng

□負担：burden ／负担／ gánh, chịu

読 解
どっかい

問題4（短文）
もんだい　たんぶん

(1)「いらなくなった本」

24　正答3

　私が住む町の図書館では、1年に1回、不要になった本を無料で市民に提供している。新しい本を買うためには、今ある本を減らして置き場所を作らないといけないからだ。提供される本は、内容が古くなったもの、利用者が少ないもの、同じ本が何冊もあるもの、汚れが激しいものなどである。資源として再利用したり、ゴミとして捨てたりすることもできるが、図書館としては、まずは本として希望者にもらってほしいと考えているようだ。

「～からだ」と理由を説明している。　3○
ゆう　せつめい

「～こともできるが」と、再利用することを否定している。　2×
さいりよう　ひてい

「新しい本が買えない人」「本を買うためのお金」については書かれていない。　1×　4×
あたら　ほん　か　ひと　ほん　か　かね

ことばと表現

□**不要**：必要でないこと・状態。
ふよう　ひつよう　じょうたい
□**提供（する）**：(to) offer ／提供／ cung cấp
ていきょう
□**希望者**：それをほしいと希望している人。
きぼうしゃ　きぼう

(2)「秋祭りについてのお知らせ」

25 正答4

お知らせ

　今週末の9月20日（日）に予定しておりました秋祭りは、台風接近に伴い、9月27日(日)に延期といたします。なお、27日（日）も天候不良のため実施できない場合は、今年の秋祭りは中止とさせていただきます。

　後日、市民センターに置いてある祭り道具の片付けを行います。片付けの日時は、追ってお知らせいたします。皆様、ご協力をお願いいたします。

秋祭りは9月27日（日）に変更になったので、9月20日（日）は秋祭りを行わない。　**4○**

27日（日）の天候が悪い場合は、祭りは行わない。　**1×**

片付けをする日時がいつ決まるかについては、書かれていない。　**2×**

いつ祭りをするかは、（27日にすることが）すでに決まっている。いつ決めたかはわからない。　**3×**

ことばと表現

□接近：approach ／接近／ tiếp cận
□～に伴い：together with ~ ／随着～ / 伴随～ / cùng với ~, do ~
□延期する：to extend ／延期／ hoãn (sang thời gian khác)
□実施する：to implement ／实施／实行／ thực hiện, tiến hành
□追って：あとで、これから、間もなく。

(3)「成績評価についてのお知らせ」

26　正答 2

宛先　　：aiueo@yyy.com

送信者：abcd@xxx.ne.jp

件名　　：「日本語会話Ⅰ」成績評価について

日付　　：2021 年 9 月 16 日(木)

「日本語会話Ⅰ」受講の学生の皆さんへ

「日本語会話Ⅰ」の成績評価についてお知らせします。

成績は下記の 2 つで評価します。

1)試験　　　　80%：期末試験　9 月 24 日(金)

　　　　　　　　　　　　　　10:00―11:30

2)課題提出　20%：毎回の授業の課題(提出締め切り：

　　　　　　　　　　　9 月 30 日(木)

　出席率が 50%以下の学生は、単位が取れません。課題は

全部で 8 つあります。5 つ以上提出していない場合は、課

題点を与えませんので、注意してください。

> 試験(しけん)は 9 月(がつ)24 日(にち)（金(きん)）だが、課題提(かだいてい)出締め切り(しゅつしめきり)は 9 月(がつ)30 日(にち)(木(もく))。 4 ×

> 2 ○

> 半分以上(はんぶんいじょう)＝ 4 つ以(い)上(じょう)。5 つ以上の提(しゅつ)出(ひつよう)が必要(ひつよう)。 3 ×

> 「試験(しけん)の成績(せいせき)が 50%以下(いか)」の場合(ばあい)については書(か)かれていない。 1 ×

【ことばと表現】

□**評価**(ひょうか)：evaluation ／评价／ đánh giá

□**受講**(じゅこう)：attend a lecture ／听讲／ học, tham gia học

□**課題**(かだい)：subject; problem ／课题／ bài tập

□**与える**(あた)：(to) give ／给予／ giao cho, gây ra, đưa ra

⑷「宅トレ」

27　正答4

　　最近、運動不足が気になり、「宅トレ」を始めてみた。「宅トレ」というのは、アプリやDVDなどの動画を見ながら自宅でトレーニングをすることだ。夜、お風呂に入る前に30分ほど運動するだけだが、思っていた以上の効果を感じられた。一番最初に現れた効果は、睡眠の質がよくなったことだ。体がちょうどいい程度に疲れているのか、ベッドに横になるとすぐ眠れて、気がつけば朝、という感じだ。そして何よりうれしいのは、疲れにくくなったことだ。休みの日にアウトドアを楽しむ余裕も生まれ、体力に自信がついた。他人の目を気にせず、自分のペースで楽しめる宅トレの魅力を感じている。

「疲れにくくなった」「体力に自信がついた」がポイント。満足している気持ちが表れている。　4〇

ことばと表現

□**何より**：ほかのどれよりも。一番。

問題5（中文）

(1)「夕焼け」

> 　夕焼けがきれいに見えるには、空が晴れていればいいというわけではない。きれいに見える条件には、太陽の位置と空気の状態がある。
>
> 　まず太陽の位置だが、太陽が低い位置にあるほどきれいな夕焼けになる。したがって、日の入りの時間が一番きれいな夕焼けが見られるというわけである。
>
> 　空気の状態については、まず湿度。空気がどれだけ水を含んでいるか、がポイント。湿度はやや高めの50%ぐらいがちょうどいい。太陽の光には色があるが、青色は光が散りやすく、赤色は散りにくいと言われている。ある程度の湿度があると、青色の光が空気中の水によって散って、赤色の光が真っすぐ届く。その結果、きれいな夕焼けになる。
>
> 　次に、大気中の雲や小さなほこりだ。これらも、光の届き方に影響を与える。自分と太陽の間に雲が発生していると、太陽の光が真っ直ぐ届かないのできれいな夕焼けにならない。逆に大気中に適度に小さなほこりなどがないと青色の光が散ってくれないので美しい赤色にならない。

30 雲があると、きれいな夕焼けにならない。⇒雲がないと、きれいな夕焼けになる。
1 ○

28 **2 ○**

29 適度に小さなほこりなどがないと、美しい赤色にならない。＝適度に小さなほこりなどがあったら、美しい赤色になる。**3 ○**

28 　正答2

（他の選択肢）

1→空気中の水分によって光が分かれるのは青色。
3→雲が多くなると、夕焼けがきれいに見えない。
4→湿度と小さなほこりの量は関係がない。

29 　正答3

（他の選択肢）

1・2→光について述べたもので、夕焼けについての説明ではない。
4→小さなほこりがなかったら、美しい赤色にならない。

30 　正答1

（他の選択肢）

2→温度については説明がない。
3→夕焼けがきれいに見えるためには、小さなほこりがあったほうがよい。
4→湿度は必要だが、雲はないほうが、夕焼けがきれいに見える。

（ことばと表現）

□条件：condition ／条件／ điều kiện
□湿度：temperature ／温度／ nhiệt độ
□日の入り：sunset ／日落／ mặt trời lặn
□適度（な）：ちょうどいい。

(2)「日本料理とラーメン」

留学生の友人たちと各国の料理の話になったとき、一人が「日本料理と言えば、ラーメン！」と言ったので、私はとても驚いた。てっきり寿司や天ぷらの名前が挙がると思っていたからだ。

ラーメンは日本人の国民食と言えるぐらい好きな人が多く、ラーメン屋も本当にたくさんある。有名なラーメン屋の前には行列ができ、並んででも食べたいという人もいる。しかし、私にはラーメンが日本料理という感覚はなかったので、外国人がラーメンを和食と捉えていることに疑問を感じていた。

ラーメンはもともとは「中華そば」とか「中華麺」という名前で呼ばれていた中国料理から作られた料理だ。その後、独自の進化をし、現在のラーメンの形になっている。現在のラーメンはもとの形とはだいぶ変わっているので、これは新たな和食と考えてもいいのかもしれない。

31 「〜ので」と理由を述べている。 **2○**

32 **1○**

33 和食＝日本料理 **3○**

---

31 正答2

（他の選択肢）

1・3・4→文章の内容からはわからない。

32 正答1

（他の選択肢）

少し前の「私には…感覚はなかった」が私の見方。これと合うかどうか、がポイント。

33 正答3

（他の選択肢）

1 →「ラーメンが日本料理という感覚がなかった」と言っている。

2 →「国民食と言えるぐらい」と書いてある。
4 →ラーメンについての感想ではない。

（ことばと表現）

□ てっきり：(to be) convinced ／清楚地／chắc mẩm

□ 挙がる：mention ／増加／ tìm ra, tìm thấy

□ 国民食：広く国民に人気があり、日常的に食べられている料理。

□ 捉える：capture ／抓／捕捉／ nắm bắt

問題6（長文）「民泊」

ここ数年、「民泊」という言葉をよく聞くようになりました。「民泊」とはもともとは、旅行者がホテルや旅館に泊まるのではなく、一般の人の家に泊まることでした。しかし最近では、空いているマンションの一室や、自分の家の使っていない部屋を旅行者に貸すことを「民泊」と呼ぶようになりました。今この「民泊」ビジネスが流行っています。

① その理由の１つに、日本人がよく旅行をするようになったことや、日本に来る外国人旅行者が増え、ホテルや旅館が足りなくなっていることが挙げられます。また、インターネットの宿泊予約サイトを通じて、簡単に予約ができるようになったことも、理由の１つだと思います。

「体験型民泊」という旅行の仕方も目されています。都会に住む人が田舎の農村や漁村などに来て、農家に泊まって田舎の生活を体験します。農家では、田植えや稲刈りを体験したり、畑で野菜を採って、その野菜を使って自分で料理を作って食べたりします。漁村では、船に乗って釣りをして、自分が釣った魚を食べます。

② このような旅行は、特に都会に住んでいる子供たちに人気があり、中学生の修学旅行などに取り入れられています。ただ観光するだけではなく、その土地で暮らす人達と交流し、普段はできない田舎ならではの体験ができることが魅力のようです。

---

34 「もともとは…」は言葉の説明をするときによく使い、元の意味や目的などを表す。 **1○**

35 ビジネスとして部屋を貸す人が増えている、ということ。 **3○**

36 **4○**

37 ここでは、理由をあとで述べている。最後の文の「…ことが魅力のようです」がポイント。人気がある＝魅力 **2○**

右欄：第1回 / 第2回 / 第3回 / 文字・語彙 / 文法 / 読解 / 聴解

---

34 **正答1**

他の選択肢

2→外国人に限らない。

3→「民泊」は都会のマンションに泊まることだけではない。

4→「体験型民泊」のこと。

---

35 **正答3**

★前の段落の流れ（民泊の元々の意味⇒現在の状況）をつかむのがポイント。

36 **正答4**

他の選択肢

1→「インターネットで宿泊予約をする」とはあるが、「インターネットで予約する旅行」については書かれていない。

2→観光は「体験型民泊」ですることの説明に書かれていない。

3→「船に乗って釣りをする」ことだけではなく、農家で田植えや稲刈りをすることも含まれる。

37　正答2

他の選択肢

1・3→本文の内容からはわからない。

ことばと表現

□農村：主に農業で生活をしている村。

□漁村：主に漁業で生活をしている村。

□田植え：rice planting ／种水稻／ cấy lúa

□稲刈り：rice reaping ／割水稻／ gặt lúa

□採る：食べ物や材料など、必要なものをとること。

□魅力：charm ／魅力／ sức hút

問題7（情報検索）「外国人の仕事探し」

外国人のお仕事探し　無料相談会

「仕事に就きたい」「仕事について知りたい」と思っている外国の方の相談に乗ります。

専門のスタッフがあなたの就職活動をサポートします。

1）場所：みどり市役所　2階　大会議室

2）相談日：毎週火曜日、第2土曜日（祝日・年末年始を除く）

3）相談時間：　①10:00 − 11:00　　②11:00 − 12:00
　　　　　　　③13:00 − 14:00　　④15:00 − 16:00

4）サポート内容例：　・仕事えらびについての助言

　　　　　　　　　　・仕事の紹介

　　　　　　　　　　・提出する書類の書き方指導

　　　　　　　　　　・面接の練習

5）注意　　①要予約

　　　　　②ご相談はお一人様1時間まで

　　　　　③スタッフは日本語のみで対応

6）お問い合わせ：　みどり市役所国際交流課（月−金　8:30 〜 17:00）

　　　　　　　　　03 − ×××× − ××××

　　　　　　　　　Shuushoku@midori-city.jp

39　助言＝アドバイス　2○

38　予約が必要。
　　　　　　4○

38 正答4

他の選択肢

1 → 相談するとき、提出する書類は必要ない。
2 → 「要予約」なので、市役所に行く前に予約が
必要。
3 → 電話の受付は月〜金。

39 正答2

他の選択肢

1 → 「スタッフは日本語のみで対応」と書かれ
ている。
3 → 「提出する書類の書き方指導」はしてくれる
が、代わりに書いてくれるわけではない。
4 → 「一緒に面接に行くこと」については何も書
かれていない。

ことばと表現

□仕事に就く：就職すること。
□除く：remove ／除掉／ ngoại trừ, trừ
□面接：interview ／面试／ phỏng vấn
□要〜：〜が必要。

聴　解

問題1（課題理解）

れい　正答1

※第1回と同じ（→ p.30 参照）

1ばん　正答3

＜話者がこれからする行動＞を答える問題。

家で男の人と女の人が話しています。男の人はこのあと、何をしますか。

M：今度の土曜日、中村さんを家に呼びたいんだけど、いいかな？

F：えー、その日、私は用事があって出掛ける予定なの。

M：別にぼく一人だけでも、かまわないよ。

F：でも、私も中村さんに会いたいな。しばらく会ってないし。

M：じゃあ、延ばしてもらおうか。

F：うん、そうしてくれる？

M：わかった。中村さんに都合を聞いてみるよ。

F：お願い。ダメだったら、私が予定を変えるよ。

男の人はこのあと、何をしますか。

> 「そうしてくれる？」の「そう」は予定を延期することを指している。
>
> 3○

> 「でも」「えー（相手の言葉にNOの気持ち）」「じゃあ」のあとに注意。

1　出かける
2　予定を変更する
3　中村さんに連絡する
4　中村さんを呼ぶ

【ことばと表現】

□家に呼ぶ：家に招待する。

□延ばす：extend／延長／kéo dài

2ばん　正答4

<話者がこれからする行動>を答える問題。

　　会社で男の人と女の人が話しています。男の人は、まず何をしますか。

M：明日のふじ工業との会議ですが、今日中にしておくことはありますか。

F：うん。ちょうど頼もうと思ってたの。会議室を掃除して、机を並べといてくれる？　それから、この資料も並べておいて。

M：はい。出席者は15名ですね。

F：うん。あと、ごみ箱がいっぱいだったから、ごみを捨てといて。

M：わかりました。他に何か用意するものはありますか。

F：あっ、じゃあ、これも資料に追加してくれる？　雑誌の記事なんだけど、ここのページだけ。

M：わかりました。すぐにやりますね。白黒でいいですか。

F：　うん、いいよ。

　　男の人は、まず何をしなければなりませんか。

1　ごみを捨てる
2　コピー機に紙を入れる
3　机を並べる
4　コピーする

指示に対して「すぐにやりますね」と答えている。「白黒でいいですか」はコピーの色についての確認。　4○

ことばと表現

□～といて＝「～ておいて」を短く言ったもの。

3ばん　正答2

<話し合いの結果がどうなったか>を答える問題。　

　　大学で、男の学生と女の学生が話しています。二人は、晩ご飯をどうすることにしましたか。

M：夏休みのサークル旅行のホテル、どうする？

F：私、一軒の別荘のようなホテルを見つけたの。これなんだけど、どう？

M：へー、晩ご飯はどうなってるの？

F：台所があるから、自分たちで作ってもいいし、料金を払えば
　　注文もできるみたい。

M：そうか…。

F：みんなで料理したら、楽しそうじゃない？

M：うーん、でも準備や片付けが大変そうだな…。買って来ると
　　か、近所の店に食べに行くとかのほうが…。

F：でも、時間もたっぷりあるし、みんなで用意すれば、いろい
　　ろな物が食べられるし、いいと思うなあ。

M：わかった。じゃあ、そうしようか。

　　二人は、晩ご飯をどうすることにしましたか。

> 「そうしようか」の
> 「そう」はみんなで
> 料理をすることを
> 指している。　2○

1　ホテルに注文する
2　自分たちで作る
3　店に食べに行く
4　買って来る

[ことばと表現]

□サークル：circle; club ／活動小组／ câu lạc bộ (trong trường học)

□たっぷり：量がたくさんあること。

4ばん　正答4

＜話者がこれからする行動＞を問う問題。

　　女の人と男の人が話しています。女の人はこれから、まず何を
しますか。

M：山田さん、この前新しいいすを買うって言ってたけど、もう
　　買ったの？

F：うん。先週の土曜日に。すごく気に入ってる。でも、使わな
　　くなったいすをどうしようかと思って。そんなに古くないか
　　ら、捨てるのはもったいないし…。

M：じゃあ、インターネットで売ったら？　最近、個人で好きな
　　値段をつけて売れるじゃない？

F：それも考えた。でも、いすでしょう？　送料が高くなって、
　　だれも買わないんじゃないかと思って。

M：あ、見て。こういうのもあるよ。市役所がやっているイベン
　　トで、まだ使えそうなものを集めて、ほしい人がいたら
　　ゆずるんだって。

> ＜使わなくなったい
> すをどうするか⇒
> インターネットで
> 売る…だれも買わ
> ないと思う⇒市役
> 所のイベントに出
> す＞という流れ。

F：へー、<u>よさそうね</u>。市役所なら、友達に頼んで車で運んでもらえるし。

M：リサイクル品を出したい人はここに登録して、それから申し込むんだって。

F：簡単そうね。じゃ、<u>そのページのアドレス、私のスマホに送って</u>。

M：わかった。

女の人はこれから、まず何をしますか。

1　いすを譲ってもらう
2　インターネットで売る
3　市役所に持って行く
4　市役所に連絡する

女の人が市役所のイベントがいいと思い、最後に「そのページのアドレス、私のスマホに送って」と言っている。　4○

ことばと表現

□個人：individual ／个人／ cá nhân

□ゆずる：あげる。

□よさそう：良いと思われる。

5ばん　正答2

＜話者がこれからする行動＞を問う問題。

女の人と男の人が話しています。男の人はこのあとどうしますか。

M：ちょっとアドバイスがほしいんだけどいい？

F：どうしたの？

M：妹がこの3月に大学を卒業するんだよ。それで、何か<u>贈ろう</u>と思ってインターネットでいろいろ見てみたんだけど、何がいいかわからなくなっちゃって。

F：へぇ。やさしいお兄さんね。そうねえ…。何がいいかなあ。妹さん、卒業後は就職？

M：いや、海外の大学の<u>大学院</u>に行くことになったんだ。

F：すごいじゃない。じゃ、プレゼントもいいけど、記念に家族でどこかに食事に行ったら？

M：それはもう予定しているんだけど、それだけじゃだめかなって思って。

F：じゃあ、仕事が終わったら空いてるから、一緒によさそうなものを見に行こうか？

M：ほんと？　助かる。

男の人はこのあとどうしますか。

1　レストランに行く
2　プレゼントを買いに行く
3　仕事をする
4　インターネットを見る

ことばと表現

□贈る：感謝やお祝い、尊敬の気持ちを表すために物をプレゼントすること。
　おく　かんしゃ　いわ　そんけい　きも　あらわ　もの
□大学院：graduate school ／研究院／ cao học
　だいがくいん

6番　正答2

<話者がこれからする行動>を問う問題。
わしゃ　　　　　こうどう　と　もんだい

先生が学生に話しています。学生はこのあと、何をしますか。

今からこの授業の発表について説明します。みなさんには、あるテーマについてインタビューをして、その結果を発表してもらいます。まず、テーマですが、みなさんの好きなテーマを選んでかまいません。ただし、その前に必ずいろいろな本や資料を読んでください。テーマとインタビューの内容がだいたい決まったら、一度私に相談してくださいね。テーマとインタビューの質問が決まった人から、インタビューをしてください。そのあと、結果をまとめて、発表のための資料を作ってください。パソコンを使っての発表になりますから、みんなにわかりやすいものにしてください。

学生はこのあと、何をしますか。

1　テーマを決める
2　資料を読む
3　先生に相談する
4　インタビューする

テーマ選びの前に資料を読む。　1 ×
えら　まえ
し りょう　よ

テーマが決まったら、先生に相談する。　3 ×
き
せんせい　そうだん

<資料を読む⇒テーマを選ぶ・決める⇒先生に相談する⇒インタビューをする>の順。
し りょう　よ
えら　き
せんせい　そうだん
じゅん

問題2（ポイント理解）

れい　正答1

※第1回と同じ（→ p.37 参照）

1ばん　正答3

＜話者のある行動について、その理由＞を答える問題。

男の学生と女の学生が話しています。女の学生はどうしてこのカフェに行きますか。

M：昨日も駅の近くのカフェに行ってたの？

F：うん。あそこのコーヒー、おいしいから。

M：でも、ちょっと高くない？

　　大学の前のカフェのほうが安くておいしいよ。半額でおかわりもできるし。

F：そうなんだけど、あのカフェは席が多くて、テーブルも広いし、全部の席にコンセントがあるから、パソコンが使いやすいのよ。

M：そっか。それは便利だね。

女の学生はどうしてこのカフェに行きますか。

1　大学から近いから
2　コーヒーが安いから
3　席にコンセントがあるから
4　おかわりが半額だから

> 女性が行っているカフェは大学でなく、駅の近く。
> **1×**

> 「そうなんだけど」と言っているので、2、4が理由なのではない。
> **2×　4×**

▶ ことばと表現

□**おかわり**：同じものを食べたり飲んだりすること。

□**コンセント**：electric outlet ／電源插口／ ổ cắm

2ばん　正答2

<話者のある行動について、その理由>を答える問題。

13

女の人と男の人が話しています。女の人はどうしてこの自転車を買いましたか。

M：新しい自転車に変えたんですね。

F：はい、先月買ったんです。

M：いい色ですね。

F：でしょう？　私もこの色が、すごく気に入ってるんです。

M：あまり見かけない色ですよね。

F：ええ。似たような色の自転車はいろいろあるんですが、この色があるのは、このメーカーだけだったので、これに決めたんですよ。

M：前の自転車より少し小さいですね。

F：そうですか？前のとだいたい同じですよ。

女の人はどうしてこの自転車を買いましたか。

1　古くなったから
2　色がいいから
3　このメーカーが好きだから
4　サイズが小さいから

> 「この色…ので、これに決めた」と理由について述べている。　2○

ことばと表現

□気に入る：to be pleased ／称心 / 満意／ thích
□メーカー：manufacturer ／厂家／ hãng, nhà xản xuất

3ばん　正答4

<ruby>話者<rt>わしゃ</rt></ruby>が<ruby>一番伝<rt>いちばんつた</rt></ruby>えたいこと>をとらえる<ruby>問題<rt>もんだい</rt></ruby>。

F：男の人がある島について説明しています。男の人は、この島の一番の<ruby>魅力<rt>みりょく</rt></ruby>は何だと言っていますか。

　この島は自然の魅力があふれています。山も海も温泉も楽しむことができます。太平洋に面しているので、海岸からきれいな水平線を見ることができます。また高さ400メートルの山があり、ハイキングをするのにちょうどいいです。キャンプ場もたくさんあります。自分で釣った魚を焼いて食べると、本当においしいですよ。そして、皆さんに見ていただきたいのは、何といっても海に沈む美しい夕日です。私は温泉に入りながら夕日を眺めるのが、この島での最高の過ごし方だと思っています。

　男の人は、この島の一番の魅力は何だと言っていますか。

1　温泉
2　ハイキング
3　釣り
4　夕日

「皆さんに見ていただきたいのは」のあとに、<ruby>話者<rt>わしゃ</rt></ruby>が<ruby>特<rt>とく</rt></ruby>に<ruby>言<rt>い</rt></ruby>いたいことを<ruby>述<rt>の</rt></ruby>べている。「何といっても」は「ほかの<ruby>何<rt>なに</rt></ruby>よりもずっと」という<ruby>意味<rt>いみ</rt></ruby>。　**4**○

ことばと表現

□<ruby>魅力<rt>みりょく</rt></ruby>：charm ／魅力／ sức hút
□〜に<ruby>面<rt>めん</rt></ruby>する：〜に<ruby>向<rt>む</rt></ruby>いている。
□<ruby>水平線<rt>すいへいせん</rt></ruby>：horizon ／水平线／ đường chân trời
□<ruby>何<rt>なん</rt></ruby>といっても：ほかの<ruby>何<rt>なに</rt></ruby>よりもずっと。
□<ruby>眺<rt>なが</rt></ruby>める：gaze ／眺望／ 遥望／ ngắm

4ばん　正答2

<話者のある行動の理由>を問う問題。
わしゃ　　こうどう　りゆう　と　もんだい

2nd
15

会社で男の人と女の人が話しています。男の人はどうして自転車で出勤していますか。

F：森さん、自転車で出勤しているんですね。

M：そうなんだ。

F：会社までどれくらいですか。

M：30分くらいかな。

F：30分ってかなりありますよね。新しい部屋、駅から遠いんですか。

M：いや、そんなことはないよ。電車でも普通に来られるし。でも、社会人になってあまり運動をしてなかったから、健康のためにできることをしようと思って。

F：いいですね。私も毎朝混んでる電車に乗るのがつらいから、考えてみようかな。節約もできるし。

> 「電車に乗るのがつらい」「節約できる」は女の人の話。
> でんしゃ　の　　　　せつやく　　　　　　おんな　ひと　はなし
> **3・4×**

M：青木さんなら、歩いて来られるんじゃない？　電車で2駅だよね。

F：そうなんですが、歩くと結構あるんですよ。20分以上かかるから、たぶん続かないと思います。

男の人はどうして自転車で出勤していますか。

1　部屋から駅まで時間がかかるから
2　健康にいいと思ったから
3　電車がいやになったから
4　節約できるから

ことばと表現

□**社会人**：学校ではなく、実際の社会で働くなど活動をする人。
　しゃかいじん　がっこう　　　　じっさい　しゃかい　はたら　　　かつどう　　ひと
□**節約**：thrift／节约／tiết kiệm
　せつやく

5ばん　正答2

<ruby>話<rt>わ</rt></ruby><ruby>者<rt>しゃ</rt></ruby>のこれからする<ruby>行<rt>こう</rt></ruby><ruby>動<rt>どう</rt></ruby>＞を<ruby>問<rt>と</rt></ruby>う<ruby>問<rt>もん</rt></ruby><ruby>題<rt>だい</rt></ruby>。

16

家で妻と夫が話しています。このあと妻は何をしますか。

F：あ、このお肉、期限が過ぎてる！　あーあ、もったいない。

M：結構な量だね。冷凍すればよかったね。

F：うん。その日か翌日に料理するつもりで…。

M：そうなんだ。

F：セールで安くなってたから、いっぱい買っちゃったのもよく
　　なかったな。今度から気をつけないと。

M：いや、それよりも、冷蔵庫の整理をするのが一番じゃない？
　　何を早く食べたほうがいいとか、何がそろそろなくなるとか、
　　すぐわかるでしょ。

F：そうね。そうしてみる。

　このあと妻は何をしますか。

1　セールに行く
2　冷蔵庫を整理する
3　古くなったものを料理する
4　買った肉を冷凍する

> 〈<ruby>何<rt>なに</rt></ruby>かを<ruby>否<rt>ひ</rt></ruby><ruby>定<rt>てい</rt></ruby>したあとに<ruby>言<rt>い</rt></ruby>いたいことを<ruby>述<rt>の</rt></ruby>べる〉という、よくあるパターン。「それよりも…」「…が<ruby>一<rt>いち</rt></ruby><ruby>番<rt>ばん</rt></ruby>」も、<ruby>特<rt>とく</rt></ruby>に<ruby>言<rt>い</rt></ruby>いたいことを<ruby>表<rt>あらわ</rt></ruby>す<ruby>表<rt>ひょう</rt></ruby><ruby>現<rt>げん</rt></ruby>。　2○

【ことばと表現】

□**期限**（きげん）：time limit; deadline ／期限／ thời hạn

□**冷凍**（れいとう）（**する**）：(to) freeze ／冷冻／ làm đông

6ばん　正答4

<話者が一番言いたいこと>を問う問題。

> テレビで男の人が話しています。男の人は何が一番大切だと言っていますか。
>
> 　水泳を始めたのは3歳のころです。やはり小さいころから始めたのがよかったんですね。水が怖いと思わなくて、すぐに水泳に夢中になりましたよ。それから、中学・高校では学校の水泳部で毎日厳しい練習をしていました。そのおかげで、大会では1位をとることもできました。水泳は個人のスポーツだと思っている人も多いと思いますが、自分一人だけでは、うまく続けられません。そういう意味で、私にとって特に大きかったのは、仲間の存在です。厳しい練習を一緒にがんばる仲間がいることで、成長することができたんだと思います。
>
> 　男の人は何が一番大切だと言っていますか。
>
> 　1　小さい時に水泳を始めること
> 　2　毎日厳しい練習をすること
> 　3　水泳が好きになること
> 　4　一緒に努力する仲間がいること

〈自分一人だけではだめ→仲間の存在が大きかった〉という流れをつかむのがポイント。　4○

ことばと表現

□**夢中になる**：そのことばかりに気持ちが行って、ほかのことが見えなく状態になること。

□**〜のおかげで**：thanks to 〜／多亏〜／托〜的福／nhờ có 〜

□**存在**：existence／存在／tồn tại

問題3（概要理解）
もんだい　　　　　がいようりかい

れい　正答2

※第1回と同じ（→ p.44 参照）

1ばん　正答2
発話内容の状況をとらえる問題。
はつわないよう　じょうきょう　　　もんだい

空港のカウンターで説明を聞いています。

M：10時30分出発予定の、東京発、福岡行き952便は、出発
が遅れる見込みです。
現在、激しい雷が鳴っているため、様子を見ております。天
候によっては、欠航になる場合もあります。今後の天候を見
て判断いたしますので、しばらくお待ちください。状況が分
かり次第、ご案内させていただきます。

10時30分発の飛行機は、今どういう状況ですか。

1　遅れて出発した
2　天気が良くなるのを待っている
3　飛ばないことが決まった
4　天候状況を案内している

> 「様子を見ております。」は「状況がどうなるかを見ている」ということ。つまり、「状況がよくなるのを待っている」という意味。

ことばと表現

□カウンター：counter ／前台／ quầy
□見込み：おそらくそうなるだろうという予想。
　みこ　　　　　　　　　　　　　　　　　　よそう
□欠航：予定されていた飛行機が飛ばないこと。
　けっこう　よてい　　　　　ひこうき　と
□〜次第：〜したらすぐに。
　　しだい

2ばん　正答3

<話のテーマ>をとらえる問題。

テレビで女の人が話しています。

料理方法にもいろいろありますが、今日は「無水調理」をご紹介します。「無水調理」というのは野菜や肉などが持っている水分や脂を使って、いつもより少ない水分で料理するという方法です。この方法で料理すると、いつもよりおいしく食べられて健康にいいと、今評判なんです。この「無水調理」のためのなべはいろいろ販売されていますが、今日ご紹介するなべは特におすすめです。他の製品と比べて、肉や野菜の甘みがより多く出るという研究結果が出ています。今なら、送料も無料でお届けできます。

女の人は主に何について話していますか。

1　肉料理の作り方
2　健康にいい料理
3　おすすめのなべ
4　ある会社についての研究結果

「料理」ではなく、「料理方法」の紹介をしている。　2 ×

「特におすすめだ」と述べている。続いて、ほかと比べて、すぐれている点を示している。
3 ○

ことばと表現

□脂：肉のあぶら
　あぶら　にく
□水分：moisture; liquid ／水分／ thành phần nước
　すいぶん
□評判：reputation ／评价／ 口碑／ đánh giá (tốt, xấu)
　ひょうばん
□販売する：売る
　はんばい　う
□甘み：甘い味
　あま　あま　あじ

3ばん　正答3

<話のテーマ>をとらえる問題。

> 小学校で、先生がクラスの生徒に話しています。
>
> みなさんの中には、お父さんやお母さんに買ってもらって、スマホを持っている人もいると思います。また、今じゃなくても、将来持つことになると思います。スマホは、インターネットで何かを調べたり、いろいろな人とコミュニケーションをとったりすることができて、とても便利ですね。でも、スマホをさわる時間が長くなって、勉強の時間が減ってしまうという悪い影響もあります。みなさんがスマホと上手に付き合っていくためにも、ぜひ家族の人と話し合って、ルールを決めてもらいたいと思います。例えば、スマホを使うのは、家族の部屋にいるときだけにする、というルールもいいですね。
>
> 先生が伝えたいことは何ですか。
>
> 1　スマホを持つ人が増えていること
> 2　スマホで悪い影響があること
> 3　スマホを使うときのルールを決めること
> 4　スマホを使ってできること

「ぜひ…」は、「自分がそうしたい」「相手にそうしてほしい」という気持ちを強く表す表現。

3○

ことばと表現

□付き合う：関係を持ち、続けること。

問題4（発話表現）

れい　正答2

※第1回と同じ（→ p.48 参照）

1ばん　正答1

友達が気分が悪そうです。何と言いますか。

F：1　どうしたの。
　　2　どうするの。
　　3　どうしているの。

「どうしたんですか」などは、相手のトラブルなどについて聞くときの表現。

他の選択肢
2→方法を聞くときの表現。
3→今何をしているかを聞くときの表現。

2ばん　正答3

課長がとても忙しそうです。何と言いますか。

M：1　何をなされますか。
　　2　何を手伝われますか。
　　3　何かお手伝いいたしましょうか。

「何かお手伝いしましょうか。」などは、自分が手伝いをすると申し出るときの表現。

他の選択肢
1→相手が何をするか聞いている。
2→相手が何を手伝うか聞いている。

3ばん　正答2

久しぶりに先輩に会いました。何と言いますか。

F：1　ごちそうさまでした。
　　2　ご無沙汰しております。
　　3　失礼いたします。

久しぶりに会ったときに言う丁寧なあいさつ表現。

他の選択肢
1→食事に招かれたり、食事代を払ってもらったりしたときに言うお礼の表現。
3→部屋を出るときや、先に帰るときなどのあいさつ。

4ばん　正答1

レストランで注文していない料理が来ました。何と言いますか。

M：1　これ、頼んでないんですが。
　　2　これ、取り替えてもらえませんか。
　　3　これ、下げてください。

注文していないものが来たときによく使う表現。

他の選択肢
2→食器が汚れていたときに言う表現。
3→食器を片付けてほしいときに言う表現。

問題5（即時応答）

れい　正答1

※第1回と同じ（→ p.48 参照）

1ばん　正答2

> F：ちょっと教えていただけますか。
>
> M：1　いえいえ、違いますよ。
> 　　2　はい、何でしょう。
> 　　3　ええ、そうなんです。

「何でしょう」は「何ですか」という意味。

2ばん　正答1

> F：これ、コピーしときましょうか。
>
> M：1　ありがとうございます。助かります。
> 　　2　いいんじゃないですか。
> 　　3　いえいえ、そんなことないです。

3ばん　正答3

> M：体調はよくなりましたか。
>
> F：1　はい、大丈夫でした。
> 　　2　とても心配しました。
> 　　3　おかげさまで、すっかりよくなりました。

心配してくれたことに対して、お礼の気持ちを伝える表現。

4ばん　正答3

> F：ごめん、到着が遅れそう。
>
> M：1　そんなに待ってないよ。
> 　　2　10分後だね。
> 　　3　急がなくていいよ。

「ゆっくり来てください」という意味。

 他の選択肢

1 → 遅れて到着したことを謝る相手に対し、気を使って言うことば。

5ばん　正答1

> M：いつお見えですか。
>
> F：1　あさっての午後に伺います。
> 　　2　先週拝見しました。
> 　　3　まだ見てないんです。

「お見えになる」＝「来る」の敬語。「お見えです」は「来ます」という意味。

6ばん　正答1

> F：これも持って行かないと。
>
> M：1　あっ、忘れてた。ありがとう。
> 　　2　それはよかったですね。
> 　　3　すみません、お待たせしました。

「〜ないと」＝「〜しなければなりません」のカジュアルな言い方

7ばん　正答2

> M：あとどのぐらいかかりそう？
>
> F：1　ちょっと早過ぎたね。
> 　　2　そろそろ終わると思う。
> 　　3　15分経ったよ。

全部終わるまでの時間を聞いている。

8ばん　正答2

> F：また電車が止まってるよ。
>
> M：1　間に合ってよかった。
> 　　2　仕方ない。バスで行こう。
> 　　3　タクシーはちょっと高いよね。

電車が止まっていて、他の方法で行くしかないので、バスで行く。

 ことばと表現

□ 仕方ない：どうしようもない。

9ばん　正答3

M：　ここまで迷わず来られましたか。

F：1　いえ、一人で参りました。

　　2　はい、一度も来たことはありません。

　　3　はい、昨日、道を調べておいたので。

迷わず来られた＝道に迷わないで、まっすぐ来る
ことができた。

ことばと表現

□ 迷う：(to become) lost ／迷路 / 犹豫／ lạc
　（đường), băn khoăn

模擬試験 第3回 解答・解説（かいとう・かいせつ）

聴解（ちょうかい）

問	1	2	3	4
問題1	れい			
	1			
	2			
	3			
	4			
	5			
	6			
問題2	れい			
	1			
	2			
	3			
	4			
	5			
	6			
問題3	れい			
	1			
	2			
	3			

問	1	2	3
問題4	れい		
	1		
	2		
	3		
	4		
問題5	れい		
	1		
	2		
	3		
	4		
	5		
	6		
	7		
	8		
	9		

言語知識（文法）・読解（ぶんぽう・どっかい）

問題4：24・25・26・27
問題5：28・29・30・31
問題6：32・33・34・35・36・37
問題7：38・39

問題1：1・2・3・4・5・6・7・8・9・10・11・12・13
問題2：14・15・16・17・18
問題3：19・20・21・22・23

言語知識（文字・語彙）（もじ・ごい）

問題4：26・27・28・29・30
問題5：31・32・33・34・35

問題1：1・2・3・4・5・6・7・8
問題2：9・10・11・12・13・14
問題3：15・16・17・18・19・20・21・22・23・24・25

言語知識（文字・語彙）

問題1

1 正答2

□ 背中 : (to become) lost
back ／背后／lưng

▶ □背＝ハイ / せ、そむーく
　　例 先輩、背が高い、指示に背く

▶ □中＝チュウ / なか
　　例 工事中、かばんの中

2 正答1

□ 恋愛 : love ／恋爱／tình yêu

▶ □恋＝レン／こい
　　例 恋人

3 正答3

□ 募集（する）: to recruit; to invite ／征集／
募集／tuyển (dụng)

▶ □募＝ボ / つのーる
　　例 応募、募る

▶ □集＝シュウ／あつーめる
　　例 収集、集める

4 正答4

□ 危険 : danger ／危险／nguy hiểm

▶ □危＝キ／あぶーない、あやーうい
　　例 危険、危ない、危うい

▶ □険＝ケン／けわーしい
　　例 危険、険しい

5 正答3

□ 環境 : environment ／环境／môi trường

▶ □環＝カン／めぐーる、たまき
　　例 環状線、循環

6 正答1

□ 畑 : field; farm ／田地／ruộng, đồng

▶ □畑＝はたけ、はた
　　例 田畑

7 正答2

□ 原因 : cause ／原因／nguyên nhân

▶ □原＝ゲン／はら
　　例 原因、野原

8 正答3

□ 迷う : can't decide, wavering ／迷惑，
犹豫不决／băn khoăn

▶ □迷＝メイ／まよーう
　　例 迷惑、迷う

問題2

9 正答3

□ 逃げる : escape; run away ／逃／chạy
trốn

▶ □逃＝トウ／にーげる、にーがす、のがー
　　す、のがーれる
　　例 機会を逃す

88

10 正答4

□ **営業**（えいぎょう）：business; sales ／营业／ kinh doanh, sale

▶ □ **営**＝エイ／いとな−む
　例 経営（けいえい）する、会社（かいしゃ）を営（いとな）む

▶ □ **業**＝ギョウ
　例 営業（えいぎょう）する、卒業（そつぎょう）する、授業（じゅぎょう）

11 正答3

□ **変える**（か）：change ／改变／ thay đổi

▶ □ **変**＝ヘン／か−わる、か−える
　例 変化（へんか）する、変更（へんこう）する、予定（よてい）を変（か）える、時代（じだい）が変（か）わる

12 正答2

□ **複雑（な）**（ふくざつ）：complicated ／复杂的／ phức tạp

▶ □ **複**＝フク
　例 複数（ふくすう）（2以上（いじょう）の数（かず））

▶ □ **雑**＝ザツ
　例 雑（ざつ）な仕事（しごと）

13 正答4

□ **最初**（さいしょ）：first time ／第一次／ lần đầu tiên

▶ □ **最**＝サイ／もっと−も
　例 最後（さいご）、最近（さいきん）、最（もっと）も大（おお）きい

▶ □ **初**＝ショ／はじ−めて
　例 初級（しょきゅう）、初日（しょにち）、初（はじ）めて会（あ）う

14 正答1

□ **静か**（しず）：quiet ／安静／ yên tĩnh

▶ □ **静**＝セイ／しず−か、しず−まる、しず−める
　例 冷静（れいせい）な判断（はんだん）、静（しず）かな部屋（へや）、音（おと）が静（しず）まる

問題3（もんだい）

15 正答1

□ **あらためて**：もう一度新（いちどあたら）しく、もう一度機会（いちどきかい）をつくって。
　例 あらためてごあいさつに伺（うかが）います。

他の選択肢

2 かえって
　例 薬（くすり）を飲（の）んだが、かえって調子（ちょうし）が悪（わる）くなった。

3 けっして
　例 皆（みな）さんのことはけっして忘（わす）れません。

4 あらかじめ
　例 あらかじめ行（い）き方（かた）を調（しら）べておいた。

16 正答2

□ **変更**（へんこう）：決（き）められた物事（ものごと）を変（か）えること。
　例 予約（よやく）の時間（じかん）を変更（へんこう）する。

他の選択肢

1 変化（へんか）（する）　例 気温（きおん）の変化（へんか）
3 交換（こうかん）（する）　例 電池（でんち）を交換（こうかん）する
4 交代（こうたい）（する）　例 選手（せんしゅ）を交代（こうたい）する

17 正答3

□ **ショック**：shock ／震惊／ sốc
　例 それを聞（き）いてショックを受（う）けた。

他の選択肢

1 チャレンジ　英 [challenge]　例 夢（ゆめ）にチャレンジする
2 マナー　　　　　　　　　　　例 食事（しょくじ）のマナー
4 チェック　英 [check]　例 荷物（にもつ）のチェック

18 正答2

□ **夢中**（むちゅう）：そのことばかりに気持（きも）が行（い）くこと。
　例 ゲームに夢中（むちゅう）になる

他の選択肢

1 集中（しゅうちゅう）（する）　例 勉強（べんきょう）に集中（しゅうちゅう）する

3 当然　例 日本人なら当然知っているはず。

4 立派（な）　　例 立派な家、立派な成績

19 正答2

□ **じめじめ**：（空気や物が）湿気が多く、不快に感じられる様子。。
　例 じめじめした天気が続く。

他の選択肢

1 ぽかぽか
　例 今日はよく晴れて、ぽかぽかして気持ちがいい。

3 どんどん
　例 遠慮しないでどんどん食べてください。

4 そろそろ
　例 もう6時だから、そろそろ帰りましょう。

20 正答1

□ **がんこな**：stubborn／頑固的／cứng đầu, bảo thủ
　例 父はとても頑固だ。

他の選択肢

2 おせっかいな
　例 母はおせっかいで、困っている人を見るとすぐに声をかける。

3 まじめ（な）
　例 まじめな人、まじめに考える

4 クール（な）
　例 彼はクールだけど、優しい人です。

21 正答3

□ **植える**：plant／种植／trồng (cây)

他の選択肢

1 伸びる
　例 髪の毛が伸びる。／木の枝が伸びる。

2 咲く
　例 花が咲いている。

4 進める
　例 話を進める。／仕事を進める

22 正答2

□ **キャンセル**：cancel／取消／hủy bỏ
　例 仕事が入ったので、旅行をキャンセルした。

他の選択肢

1 テクニック
　例 運転のテクニック

3 バーゲン
　例 これはデパートのバーゲンで買った。

4 セール
　例 来週、ABC デパートでセールがある。

23 正答3

□ **影響**：influence; effect／影响／ảnh hưởng
　例 事故の影響で、道路が渋滞している。

他の選択肢

1 非常
　例 この大学に入るのは非常に難しい。

2 情報
　例 情報を集める、事故に関する情報

4 指示
　例 スタッフに指示をする

24 正答4

□ **〜をかける**：相手が〜をかぶる（浴びる）ようにする。
　※いくつかの決まった表現で使う。
　例 水をかける、やさしい言葉をかける

他の選択肢

1 出す　例 大きな声を出す
2 言う　例 意見を言う、文句を言う
3 鳴る　例 電話が鳴る、ベルが鳴る

25 正答1

□ **農業**：agriculture ／农业／ nông nghiệp
例 この辺りは農業がさかんだ。

他の選択肢

2 **工業**
例 工業製品、工業地帯
3 **職業**
例 父の職業、職業を選ぶ
4 **作業**
例 簡単な作業、作業を止める

問題4

26 正答1

□ **結局**：(いろいろあったが)最後は、最後には。
例 結局、何も買わなかった。

2 **ついでに**
例 買い物に行くついでに手紙を出す。
3 **せっかく**
例 せっかくの休みだから、どこかに行きたい。
4 **そのうち**
例 空は明るいから、（雨は）そのうち止むよ。

27 正答3

□ **徐々に**：少しずつ、しだいに。
例 けがの状態は、徐々によくなった。

1 **完全に**   例 完全にできるようになる
2 **かなり**   例 かなり詳しい
4 **ほとんど** 例 ほとんど知っている

28 正答2

□ **余計(な)**：必要でない。むだな。
例 余計なことを言わないでください。

1 **楽しい**   例 楽しいパーティー

3 **大切な**   例 大切な書類
4 **大変ではない** 例 大変な出来事、大変な苦労

29 正答2

□ **～の先**：～を少し行ったところ。
例 100 メートル先に地下鉄の入口がある。

1 **正面**
例 私の正面にいる人／学校の正面玄関
3 **手前**
例 あの交差点の手前で（タクシーを）止めてください。
4 **そば**
例 家のそば

30 正答3

□ **うっかり**：注意していなくて。
例 うっかり返事するのを忘れた。

1 **負担**
例 費用を負担する、負担が増える
2 **信用**
例 信用できる人、信用を得る
4 **忘れる**
例 約束を忘れる、店の名前を忘れる

問題5

31 正答3

□ **くわしい**：detailed ／詳細／ rõ ràng, tỉ mỉ
例 彼女は薬局に勤めているので、薬に詳しい。

1 進める、2 きびしい、4 神経質な　などのほうが合っている

第1回
第2回
第3回
文字・語彙
文法
読解
聴解

[32] **正答2**

□ **送る**：send ／送／ gửi
例 田舎で静かな生活を送りたい。

1 過ぎて、3 過ごして、4 使って　などほうが
合っている

[33] **正答4**

□ **十分**：sufficient ／充足／ đủ, đầy đủ
例 一人で住むには十分な広さです。

1 10分、2 いっぱい、3 すっかり　などのほう
が合っている

[34] **正答4**

□ **念のため**：just in case ／为了确保／ cho
chắc chắn
例 念のため、もう一度確認した。

1 とりあえず、2 気をつけて、3 不安で　などの
ほうが合っている

[35] **正答2**

□ **ほっとする**：feel relieved ／放心／ thở
phào
例 かぎが見つかって、ほっとした。

1 不安になった、3、がっかりした、4 びっくり
した　などのほうが合っている

言語知識（文法）・読解

文 法

問題1

1　正答2

□ **～わりに**：予想外の結果を表す
囫 彼はお金がないわりに、むだなものをよく買う。

1　囫 眠れないほど痛い
3　囫 留学生として来日する
4　囫 1時間なら大丈夫

2　正答3

□ **～に限り**：～だけ
囫 小学生以下の子供に限り、無料です。

1　囫 N1だけに難しい
2　囫 日本へ来たばかりだ
4　囫 健康について話す

3　正答2

□ **～向け**：～用(のもの)、～のため(のもの)。
囫 これは女性向けの雑誌です。

1　囫 遅れる場合、連絡してください。
3　囫 確認したうえで連絡する。
4　囫 好きなだけ食べる

4　正答3

□ **お(V-ます)します**：目上の相手に対して、話者の動作に使う表現の形。
囫 あした、お返事します。

1　囫 ご連絡お待ちしております。
2　囫 少々お待ちください。

4　囫 あちらでお客様がお待ちになっています。

5　正答2

□ **～ことには**：～してからでないと（結果はわからない）。
囫 食べないことには力が出ない。

1　囫 苦労したからこそできる。
3　囫 今朝地震があったとか。
4　囫 年齢にかかわらず参加できる。

6　正答3

□ **～ことだし**：～という事情なので。
囫 お金もないことだし、旅行はやめておこう。

1　囫 財布を忘れたもので遅くなってしまいました。
2　囫 勉強したからと言って覚えたわけではない。
4　囫 山本さんは調子が悪いようで早く帰った。

7　正答1

□ **～だらけ**：よくないものがたくさんある様子を表す。
囫 掃除をしていないから、机の上がほこりだらけだった。

2　囫 カップラーメンばかり食べている。
3　囫 祖母は病気がちだ。
4　囫 できる限り早くする。

8　正答4

□ **～ようになっている**：～のようなやり方やルールで行っている。
囫 夜9時になったら、入口は閉まるようになっている。

1 例 毎朝早く起きることにしている。
2 例 引っ越しすることになった。
3 例 これはみんなのためにしていることだ。

9 正答3

□ ～につれて：～という変化といっしょに。
例 日が暮れるにつれて、人が少なくなっていった。

1 例 できるとしたら明日の朝です。
2 例 窓を開けたとたん雨が降ってきた。
4 例 間に合わないと知りながら走る

10 正答1

□ ～ついでに：～をいい機会として、さらに。
例 出張のついでに、親せきに会いに行った。

2 例 難しいからこそチャレンジする
3 例 一人1000円かかるとしたら、3人で3000円だ。
4 例 子どもには難しい。

11 正答2

□ ～がち：～てしまうことが多い。
例 忙しくて、メールの返事が遅れがちになっています。

1 例 砂まみれになった。
3 例 このごろ風邪気味だ。
4 例 ご予約の上お越しください。

12 正答2

□ ～から～にかけて：～から～までを大体の範囲として。
例 東北から北海道にかけて、雪が降るでしょう。

1 例 3日前までに予約する。
3 例 1年を通して暖かい。
4 例 京都は観光地として有名だ。

13 正答2

□ ～そうにない：～する感じがしない。
例 あと30分しかないから、間に合いそうにない。

1 例 今日部長は出張でいないはずだ。
3 例 間違えないようにメモする。
4 例 行けるかどうかわかりません。

問題2

14 正答1

2出かけようとした 4ところに 1激しく 3降ってきたので、出かけるのをやめた。

⇒【[〈出かけようとした〉ところに]〈雨が〉激しく降ってきた】ので、〈出かけるの〉をやめた。

15 正答4

きのう、ちょっと 2食べ 3すぎた 4せいで 3おなかが痛くなってきた。

⇒[〈きのう、ちょっと食べ過ぎた〉せいで]〈お腹が痛く〉なってきた。

16 正答3

朝起きる時間を 120分早く 4する 3ことで、2運動する時間ができた。

⇒[〈朝起きる時間〉を〈20分早くする〉]ことで、[〈運動する〉時間]ができた。

17 正答3

映画が始まるまで、まだ時間がある 4から 2そんなに 3急ぐ 1ことはないよ。

⇒ [〈映画が始まる〉まで〈まだ時間があるから〉]、そんなに[〈急ぐこと〉はない]よ。

18 正答2

今回の台風は動きが遅いために、3長い時間 4大雨 2が続く 1おそれがあります。

⇒[〈今回の台風〉は〈動きが遅い〉ために]、[長い時間〈大雨が続く〉おそれ]があります。

問題3

以下は、留学生の作文である。

19 正答2
20 正答3
21 正答3
22 正答1
23 正答3

あいさつがたくさん聞こえる町

グエン・タオ

　私が今住んでいる町は、花を植えている家が多いです。私も植物が好きなので、花が好きな人がたくさんいるこの町はなんて住みやすい町なんだと思っていました。　19　、この町に花を植えている家が多い理由はそれだけではなかったのです。

　ある朝、いつものように歩いて学校へ向かっていると、前を小学生が並んで歩いていました。子供たちが歩いていくと、花の水をやりながら、近所の人が「おはよう」「いってらっしゃい」と声をかけてきました。　20　だけではありません。いくつもの家の玄関先や庭から、掃除や水やりなど何かをしながら、子供たちにあいさつをしてくるのです。散歩をしているおじいさんやおばあさんも子供たちに声をかけてきました。

　　21　様子を大学の友だちに話したら、それは「ながら見守り」という活動をしている、とのことでした。地域の人たちが、水やりや散歩などいつもの生活をしながら、子供たちの安全を見守っているのだ　22　。そして、その活動の一つとして、市が地域の人に花を無料で配り、育てることを勧めているのです。

　私が小学生の時は学校までスクールバスで通っていたので、どんなに安全な日本でも小学生が歩いて通うのは危ないのではないかと思っていました。しかし、このように地域の人に　23　いれば、子供たちも安心して学校に通えるのだと納得しました。また、地域の人も無理をしてやっているのではなく、むしろ楽しそうな様子だったので、長く続けられるのではないかと思いました。

接続詞のあとの「理由はそれだけではなかった」に注目。前の部分に否定的なことを述べているので、「しかし／けれども」と同じような「ところが」が入る。　2○

知っている人か、知らない人か、文章からはわからない。　3○

前の段落の内容を指しているので「そ」を使っている「そのとき」が正解となる。　3○

「とのことでした」がヒント。友だちから聞いたことなので「そうです」が入る。　1○

「ながら見守り」という活動がこの文章のテーマ。　3○

ことばと表現

□**水やり**：植物に水をあげること。

□**見守る**：無事であるように、注意しながら見る。その人や物事に問題がないか、注意を向けていること。

□**活動**：activities ／活动／ hoạt động (đúng chức năng)

読解
どっかい

問題4（短文）
もんだい　たんぶん

(1)「日本の自然」

24　正答3

日本は四方を海に囲まれ、多くの島々からなる国だ。その位置や形から、台風の通り道にもなっている。加えて、火山も多い。そのため、自然の影響を大きく受けやすく、自然災害が起こることも少なくない。だがその一方で、海や山からさまざまな恵みを受けてきた。森林資源や水、農作物、魚介類、などなど。例えば、日本料理が個性豊かなものに発展してきたのも、質の良い食材を得ることができたからであろう。また、一年を通して季節の変化を楽しむことができるのも、ありがたいことだ。自然は時に非常に厳しいものだが、大きな喜びを与えるものでもあるのだ。

日本料理の特徴について述べているのはこの部分。1×

一般的なことだが、文章全体が日本について述べている。
3○

ことばと表現
- □囲む：surround ／围绕 / 环绕／ vây quanh, quây lại
  - かこ
- □災害：disaster ／灾害／ thiệt hại (do thiên tai)
  - さいがい
- □資源：resources ／资源／ tài nguyên
  - しげん
- □農作物：crop(s) ／农作物／ nông sản
  - のうさくもつ
- □魚介類：fish and shellfish ／鱼贝类／ hải sản
  - ぎょかいるい
- □個性：individuality ／个性／ cá tính
  - こせい

(2)「上司からのメモ」

　10月3日の朝、ワンさんが出勤すると、机の上に松本課長からのメモが置いてあった。

25　正答 1

ワンさん

　きのうはプレゼン、お疲れ様でした。ワンさんの案を使いたいと思います。₃4日の営業会議に私が出て、説明することになりました。ワンさんのプレゼンの資料を使って説明したいと思っていますが、₂先月のお客様アンケートの結果も₁資料に入れてほしいので、準備しておいてください。

　₄3日は、午前にほかの会議が入っているので、資料のチェックができるのは2時ごろになりそうです。それまでにお願いします。

10月2日　19：00

松本

> 会議は4日（今日ではない）説明するのは松本課長　3×

> 「先月のお客様アンケート」＝アンケートは先月行った　2×

> 「資料に入れてほしい」「準備しておいてください」「2時ごろ」「それまでに」⇒1○

> 「それまでにお願いします」＝3日の2時ごろまでに資料を完成させる　4×

ことばと表現

- □ **案**：proposal; suggestion ／草案／提案／方案／ gợi ý, đề xuất, ý tưởng, phương án
- □ **営業**：business; sales ／营业／ kinh doanh, sale
- □ **プレゼン**：「プレゼンテーション」を短くした言い方。

(3)「和紙」

これは図書館の掲示板に貼られたお知らせである。

26　正答3

日本の伝統的な紙、「和紙」は1,300年の歴史を持つ。古くから日本で使われてきた和紙は、自然の材料を使って手間をかけて作られるため、できあがったら、100年、200年と使えるものとなると聞いて驚いたことがある。そういえば、最近、博物館で見た80年前の手紙も和紙が使われていた。

　そして今では、和紙の長所を生かして、うちわやラッピング用の紙だけでなく、かばんやさいふ、マスクなども作られている。現代のエコブームにも合っている和紙は、いろいろな可能性を持っているだろう。これまでにない、和紙を使った新しい商品と出会えるのが楽しみである。

例を紹介する→意見を述べる、というパターン。商品の例→「いろいろな可能性を持っている」→「新しい商品と出会える」という流れ。　3○

ことばと表現

□**長所**：すぐれている点。

□**エコ**：英語のecologyから。環境を大切にすること。

□**ブーム**：英語のboomから。あるものが一時的に人気が出たり、よく売れたりすること。

⑷「大学からの案内」

これは大学から学生に届いたメールである。

27 正答4

あて先：mailing-list_01@j.univ.ac.jp

件名　：タブレット端末の貸し出しについて

送信日時：2021 年 9 月 9 日

_____

学生のみなさん

　先日、オリエンテーションでお知らせしたとおり、タブレット端末の貸し出しを始めることになりましたので、お知らせします。現在、各授業を中心にタブレット端末の利用を進めていますが、今後さらに、自宅学習にも活用していきます。

　タブレット端末は学習用です。そのため、使用には次のような制限があります。

・₁学習に不適切な WEB サイトは見ることができません。

・SNS やゲームなどのアプリは機能しません。

・₂新しいアプリのインストールはできません。

　タブレット端末の貸し出しを申し込んでいる人は、本日から 9 月 30 日までの期間、午前 9 時から午後 6 時までの時間に ₃事務室に受け取りに来てください。

　₄なお、すでに自分のタブレット端末を持っている人には、大学の専用アプリをインストールしていただきます。上記期間中に事務室に自分のタブレット端末を持ってきてください。

城山大学　事務室

「インターネットが使えない」ということではない。　1 ×

「アプリはインストールできない」というルール。　2 ×

「事務室で受け取る」こと以外の指示はない。　3 ×

「自分のタブレット端末にアプリをインストールして使う」ということ。　4○

ことばと表現

*タブレット端末：tablet device ／平板电脑终端／ máy tính bảng

*オリエンテーション：説明会

□貸し出し：図書館などで本を借りること。

□制限（する）：(to) limit ／限制／ hạn chế

□不適切（な）：inappropriate ／不当／ không phù hợp

□機能（する）：(to) function ／功能／ hoạt động（đúng chức năng）

□専用：exclusive use ／专用／ chuyên dụng

第1回

第2回

第3回

文字・語彙

文法

読解

聴解

問題5（中文）

(1)「粗大ごみ持ち込みステーション」

28　正答2

29　正答3

30　正答2

　「粗大ごみ持ち込みステーション」というところを知っていますか。いらなくなった家具や家電などを集めて保管し、欲しい人にもらってもらうところです。粗大ごみとして捨てる場合、引き取り料がかかりますが、このステーションに持ち込むと無料で引き取ってもらえます。持ち込まれたものは状態を確認して、リユースできるものには値段をつけ、物によっては無料で、ほしい人に譲ります。

　これは、A市が実験的に始めた取り組みです。A市では最近、粗大ごみが増え、引き取りに何週間も待つこともあります。粗大ごみ置き場には、外にあふれるほど多くのごみが出されているそうです。そのごみのほとんどは燃やして処分するのですが、環境への影響も心配されています。そこで、少しでも粗大ごみを減らすことを目的に始められました。市のホームページにも紹介され、利用者はだんだん増えてきて、集まったお金は、市の環境問題対策に使われているそうです。

　私は、この取り組みにはごみを減らすこと以上の意味があると思います。人々が物を捨てる前に、まだ使えるかどうか考える。それを習慣にすることで、物を大切に長く使うという、昔の日本人の考え方をもう一度思い出してもらいたい。そのいいチャンスになるのではないかと思います。

28 テーマになる単語や、初めて出る単語には、すぐ後ろに説明がある場合が多い。「〜を知っていますか」などの問いかけがある場合も、たいていはすぐに説明が続く。　**2○**
ゆずる…ほかの人にあげる、または売ること

29 接続詞に注目。この文の場合、〈A市が始めたという事実→それまでの状況→始めた理由〉という流れ。理由を示す表現「そこで」「それで」「理由は」「目的は」などのことばを探す。　**3○**

30 筆者の言いたいことは、最後の段落に書かれていることが多い。「…ごみを減らすこと以上の意味があると思います。」とあるので、この後ろに「ごみを減らすことではない」別の意味が書かれている。「〜のではないか」は筆者の意見を表す表現。　**2○**

ことばと表現

□ **粗大ごみ**：oversized waste ／粗大垃圾／ rác cỡ lớn (mất tiền khi vứt bỏ)
□ **リユース**：reuse ／再利用／ tái sử dụng
□ **取り組み**：match ／試図／ nỗ lực, cố gắng
□ **処分**(する)：(to) dispose ／处分／ xử lí

31 正答4

指示された部分を正しく説明しているものを選ぶ問題。

32 正答2

指示された部分を正しく説明しているものを選ぶ問題。

33 正答2

文章を書いた人の心情を正しくとらえているかを問う問題。

(2)「私が写真に撮りたいと思うもの」

　　私は写真を撮るのが好きです。家族や友達のような身近な人や動物ではなく、風景を撮ります。例えば、古い町を歩いていて見つけた小さな道、誰かがバス停のベンチに忘れた傘などです。その町の日常の様子を探しては写真に撮ります。
①

　　私が写真を始めたのは祖父の影響です。カメラが趣味だった祖父の部屋でいろいろな写真の本を見せてもらい、興味を持つようになりました。週末になると、祖父と一緒に写真展に行ったり写真を撮りに行ったりしました。
②

　　最初はきれいな花や空を見つけてはカメラを向けていました。でも、あるとき、ある町の風景の写真を見て「この町にはどんな人が住んでいて、どんな生活をしているのだろう」と思いました。きれいな写真からはできなかった想像する楽しさを見つけたのです。将来また違った写真を撮りたくなるかもしれませんが、これからも、撮りたいと思ったものとの新しい出会いを楽しみたいと思います。

31 「写真」の後の第一段落の中から探す。「AではなくB」の形。　4○

32 「私が〜したのは…」は説明の始まりの表現。このあとの部分に注目する。　2○

第3段落の「最初はA。でも、B。」という文の形に注目。「でも」の後に筆者の言いたいことが書いてある。　2○
文末に注意。「…撮りたくなるかもしれない」≠「…撮ろうと思っている」
　　　　　　　4×

問題6（長文）「セルフ」のサービス

34	正答3
35	正答4
36	正答3
37	正答1

最近、「セルフ」という言葉を見かけることが多くなった。飲食店に行けば、「お水はセルフサービスでお願いします」という紙が貼ってあるし、スーパーやコンビニなどのレジでは、客が商品の値段を機械に読ませて支払いをする「セルフレジ」も、珍しくなくなってきた。自分の席でタブレット型パソコンを使って注文する「セルフオーダー」は、メニュー画面を指でタッチするだけの簡単なものなので、子供たちもやりたがる。

こうしたさまざまな「セルフ」のサービスは、何より自分のペースでできるのがよい。レストランの「ドリンクバー」が代表的。コーヒーをおかわりしたくなれば、店員を呼ばなくても、好きな時に好きなだけ、自分で注げばいい。コンビニのセルフレジは、初めは慣れなくて時間がかかるが、慣れれば、店員のいるレジより早く終わらせることができる。

ただ、便利なサービスではあるが、ときどき便利じゃなくてもよいと思うときがある。

旅行先で、あるラーメン店に入った時のことだ。「いらっしゃいませ」と店員が元気よくあいさつをしてくれて、雰囲気がいいなと思ったら、「まず初めに、こちらで商品をお選びください」と自動販売機の前に案内された。好きなメニューを選び、お金を入れたら、注文の紙が出てくるというものだ。結局、その紙を渡して食べ終わるまで、店の人とは一言も話すことはなかった。私としては、旅行中に、その土地の人とちょっとした交流ができればいいなと思っていたので、がっかりしたのを覚えている。

これら「セルフ」というスタイルは、文字通り「個」という空間を作っている。多くの「個」が社会に存在して、それぞれが動いているいるように思える。しかし、時には「個」の空間を出て、他の人とつながることも大事なのではないだろうか。

「セルフサービスでお願いします」は「自分でしてください」ということ。 3○

「何より～」は「特に～、一番～」という意味。「自分のペースでできる」は「自分に合った進め方でできる」ということ。 4○

「交流ができればいい」という期待や希望に反する結果だった。 3○

「他の人とつながる」は「他人とかかわりを持つ」ということ。それが大事なので、そうならないことに否定的。 1○

ことばと表現

□珍しい：novel; uncommon ／珍奇／稀奇／ rõ ràng, chi tiết
□代表的（な）：representative ／代表的／ (có tính) đại diện
□雰囲気：atmosphere; mood ／气氛／ bầu không khí
□文字通り：内容が、その言葉の字のとおりであること。
□空間：space ／空间／ không gian

問題7（情報検索）「水族館のポスター」

38 正答3
39 正答4

さくら水族館

営業時間：9：00 〜 17：30　月曜定休日

イベントスケジュール（予定時間）

A　イルカのショータイム（15分） 【開始時間】10：30/12：30/14：30/16：00 【場所】北館3F　大プール	B　イルカ　トレーニング体験（15分） 【開始時間】11：30/13：30/15：30 【場所】北館3F　大プール
C　ペンギンのお散歩（10分） 【開始時間】問い1 14：30 【場所】中央広場	D　えさやり体験（10分） 【開始時間】10：15/15：30 【場所】南館2F　南の島プール

> キムさんは15時に水族館に来たので、14時30分からのCは見られない。A、B、Dは見られる。　3○

チケット料金
販売場所：さくら水族館チケット売り場

大人（18歳以上）　2000円	高校生　　1800円 ＊チケット売り場で学生証をお見せください。
小・中学生　1000円	幼児（6歳以下）　500円

≪期間限定！　夜間特別料金≫
17：00から入館できる夜の水族館を楽しむお得なチケット

期間：6月〜10月　問い2 ※土日祝日のみ利用可能

大人	1600円	高校生	1400円
小・中学生	600円	幼児	300円

※夜間料金は夜間営業日の17時以降に入館する場合の料金です。

> 夜間特別料金は水曜日に利用できないので、チケットは大人料金2,000円。2人で4,000円かかる。　4○

ことばと表現

□ **水族館**：aquarium／水族馆／thủy cung
□ **定休日**：（店などの）決まった休みの日
□ **体験**：experience／体验／trải nghiệm
□ **中央**：central／中央／trung ương, chính giữa
□ **広場**：plaza／广场／quảng trường

聴　解

問題1（課題理解）
もんだい　　かだいりかい

れい　正答1
※第1回と同じ（→ p.30 参照）

3rd
03

1ばん　正答4
＜話者のあるについて、行為＞を問う問題。
わしゃ　　　　　こうい　と　もんだい

3rd
04

家で夫と妻が話しています。夫はこれから何を買いますか。

M：今からちょっと出かけるんだけど、何か買ってきてほしいもの、ある？

F：ええと、卵と野菜はあした配達してくれるから、いらなくて…。バターも一緒に頼んだし…。ああ、牛乳がなくなったんじゃないかなあ。

M：ああ、牛乳なら、きのうの夜、仕事の帰りにぼくが買っといたよ。飲みたくなって。

F：そうなんだ。じゃあ、いいね。あ、そうだ、お米がそろそろなくなるんじゃない？

M：そうだね。じゃ、買って帰るよ。それだけでいい？

F：うん。じゃあ、いってらっしゃい。

夫はこれから何を買いますか。

卵とバターはすで
たまご
に注文してある（→
ちゅうもん
あした配達され
はいたつ
る）。**1・3**　×
牛乳は「きのうの
ぎゅうにゅう
夜…買っといた（＝
よる　か
買っておいた）」の
か
で、買わない。**2**×
か
「～んじゃない？」
は「～と思う」とい
おも
う意味。**4**○
いみ

104

2ばん　正答3

〈話者のある行動について、日時〉を問う問題

3rd 05

> 　自転車屋で女の人と店員が話しています。女の人はいつ自転車を取りに来ますか。
>
> F：すみません、これの後ろのタイヤを見てもらえますか。空気が抜けて入らなくなってしまったんです。
>
> M：はい。ええと…ああ、これ、穴が開いちゃってるので、交換したほうがいいですね。
>
> F：そうなんですか。どのくらいかかりますか。
>
> M：今からですと、うーん…。今日、混んでますんで、3時間後くらいになりそうですね。
>
> F：え？　3時間後って…9時半ですか。今日7時から用事があるから、取りに来られないなあ。
>
> M：お急ぎでなければ、明日の朝はいかがですか。9時に開けますので。
>
> F：そうですか。じゃ、朝来ますので、修理、お願いします。
>
> 　女の人はいつ自転車を取りに来ますか。
>
> 1　今日の午後7時
> 2　今日の午後9時半
> 3　明日の午前9時
> 4　明日の午後9時

今日 (今晩) はだめ、ということ。
1・2×
提案があれば、注意する。提案の表現「〜はいかがですか」「〜はどう？」などは会話によく出る。3○

ことばと表現

□空気：air／空气／không khí
□抜ける：come out; pull out／拔／拔掉／nhổ, thiếu, hút (hơi ra ngoài)
□穴：hole／洞／lỗ

105

3ばん　正答4

<話者のある行動について、動作>を問う問題。

会社で男の人と女の人が話しています。男の人はこのあとまず何をしますか。

M：鈴木さん、さっき部長が、明日のミーティング、4時に変更したいって。

F：えーと…4時ね。わかった。みんな、大丈夫？

M：はい。ただ、山本さんが今日は在宅勤務で、まだ伝えてないです。

F：そうか。じゃあ、部長には4時で問題ないですって言っとくので、山本さんに伝えといてもらえますか。

M：ええ…。でも、部長に連絡するのは、一応、山本さんの予定を確認してからのほうがいいんじゃないですか。

F：確かにそうですね。じゃ、聞いてみてくれますか。

M：わかりました。

男の人はこのあとまず何をしますか。

1	部長にミーティングの時間が変更できることを連絡する
2	山本さんにミーティングの時間が変更されることを話す
3	鈴木さんにミーティングの時間が変更になることを伝える
4	山本さんにミーティングの時間を変更してもいいか確認する

<ミーティングの時間を変更してもいいか、山本さんの都合を聞いてから、部長に連絡する。>という話の流れ。

<山本さんの都合を聞く>ことを提案している。　4○

4ばん　正答1

<話者のある行動について、動作>を問う問題。
わしゃ　　こうどう　　　どうさ　と　もんだい

　会社で女の人と男の人が話しています。男の人はこのあとまず
何をしますか。

F：山本さん、この間のアンケート結果のグラフのことなんです
　　けど。

M：あ、もうできていますよ。

F：ええ。さっき見ました。色とかサイズはいいと思うんですけ
　　ど、グラフに具体的な数字が書かれてないのでわかりにくい
　　と思うんです。数字も入れてもらえませんか。

M：数字は、プレゼンの時に、直接話して説明すれば大丈夫だと
　　思ったんですが。

F：それだと、その場にいた人にしか伝わらないですよね。参加
　　できない人にメールで資料を送るので、説明がなくてもわか
　　るようにしてほしいんです。

M：確かにそうですね。じゃ、直しておきます。

F：すみませんが、お願いします。できたら、ミーティングの前
　　にまた見せてもらえますか。

M：わかりました。

　男の人はこのあとまず何をしますか。

1　グラフに具体的な数字を入れる

2　数字について説明する

3　メールで資料を送る

4　アンケートの結果を見せる

相手（女の人）の希
あいて　おんな　ひと　き
望や要求の内容が
ぼう　ようきゅう　ないよう
ポイント。グラフ
に数字を入れて
すう　じ　い
ほしいと言われ
い
た。　**1○**

今ではなく、プレ
いま
ゼンの時にするこ
とき
と。　**2×**

（数字を入れる、な
すうじ　い
どして）資料を作る
しりょう　つく
のが先。　**3×**
さき

5ばん　正答3

<話者のある行動について、動作>を問う問題。

　会社で女の人と男の人が話しています。男の人はどうやって京都へ行くことにしましたか。

F：来週、京都へ行くって言ってたよね。旅行？

M：友達の結婚式があるんだ。でも、結婚式のついでに旅行もしたいなって思ってる。

F：へえ、そうなんだ。京都までは新幹線？

M：いや。結婚式のあと、着替える必要があるから、荷物が多くなるんだよね。だから、車で行こうかと思ってる。それか、バス。京都では車は使わないし、楽だからね。

F：なるほど…。あっ、でも、確か、高速道路が今、工事の関係ですごく混んでるって、ニュースで言ってたよ。大丈夫？ちょっと心配じゃない？

M：え？　ほんとに!?　結婚式、朝10時からなんだよ。うーん、危険すぎるなあ。

F：新幹線が安全じゃない？

M：うん。遅れるわけにはいかないからね。

　男の人はどうやって京都へ行くことにしましたか。

1　車で行く
2　バスで行く
3　新幹線で行く
4　車とバスで行く

一度否定したあと、考えや結果が変わることもあるので注意。

車やバスで行く場合、結婚式の時間に間に合うか心配。「安全じゃない？」は「安全だと思う」という意味。　3○

ことばと表現

□高速道路：expressway ／高速公路／ đường cao tốc

108

6番　正答3

<話者のある行動について、動作>を問う問題。

会社で男の人と女の人が話しています。男の人はこのあとまず何をしなければなりませんか。

M：田中部長、すみません。来週の月曜日にお休みをいただきたいんですが。

F：えーと…月曜日ですね。火曜日に会議がありますが、準備は大丈夫ですか。

M：はい、もうかなりできていますので、<u>遅くても、今週の金曜日には用意できます。</u>

F：そうですか。鈴木課長には相談してありますか。

M：はい、相談しました。課長からは、休んでもよいと言われています。

F：わかりました。では、資料の準備をしっかりお願いしますね。あ、<u>スケジュール表を変更しといてくださいね。</u>

M：わかりました。ありがとうございます。

男の人はこのあとまず何をしなければなりませんか。

1　休みを十分にとる
2　鈴木課長に相談する
3　スケジュール表を変更する
4　部長に資料を確認してもらう

会議の準備 (←資料の準備) は金曜日に終わる

相手から希望や要求がある場合、その内容に注目する。休みをもらうことになったので、スケジュール表を変更しなければならない。 3○

部長の指示や確認の内容ではない。
1・4×

問題2（ポイント理解）

れい　正答1

※第1回と同じ（→ p.37 参照）

1ばん　正答3

＜話者のある行動について、理由＞を問う問題。

> 　女の人と男の人が料理教室について話しています。女の人はどうしてこの教室に行こうと思いましたか。
>
> 　F：山田さん、公民館の料理教室に通ってるそうですね。
> 　M：ええ、初心者向けの料理教室なんですけど、楽しいですよ。
> 　F：どんな料理を作るんですか。
> 　M：みそ汁とか、肉じゃがとか…日本の家庭料理が多いですね。
> 　F：へえ、面白そうですね。日本料理ってお店でしか食べたことがないなあ。自分で作れたらいいですね。
> 　M：よかったら、いっしょに行きませんか。毎月第1土曜日の午後なんですけど、時間ありますか。
> 　F：いいんですか。お願いします。
>
> 　女の人はどうしてこの教室に行こうと思いましたか。
>
> 　1　料理をするのが好きだから
> 　2　日本料理を食べたことがないから
> 　3　日本料理を自分で作れるようになりたいから
> 　4　土曜日の午後に時間があるから

女の人は「自分で作れたらいいですね」と言っている。「〜（動詞の可能形）＋たらいい」は「〜たい」という願望を表す表現。　3○

ことばと表現

□公民館：その地域で暮らす人々が、いろいろな目的で集まるための建物。

2ばん　正答2

<話者のある行動について、理由>を問う問題。

13

大学で男の留学生が係の人にボランティアについて聞いています。男の留学生はどうしてボランティアに参加できませんか。

M：すみません、このボランティアに申し込みをしたいんですが、まだ申し込みできますか。

F：はい、まだ大丈夫ですよ。参加は初めてですか。

M：はい、初めてです。大丈夫ですか。

F：ええ、大丈夫です。えーと、今、何年生ですか。

M：今、大学4年生です。

F：そうですか。うーん、このボランティアは半年間続けられる人しか申し込みができないことになっているんですよ。もうすぐ卒業ですよね。

M：はい、あと3か月で卒業です。その後、就職して働きます。

F：そうですか。昼間のお仕事ですか。

M：はい。貿易関係です。

F：じゃ、続けるのはちょっと難しいですね。すみません。

M：そうですか。わかりました。

> このボランティアは半年間続けなければならないが、この留学生はもうすぐ卒業するので参加できない。
>
> 2○

男の留学生はどうしてボランティアに参加できませんか。

1　はじめて参加するから
2　半年間続けられないから
3　活動が3か月後に始まるから
4　半年後に卒業するから

3ばん　正答2

<するべきではないこと>を答える問題。

図書館で男の人と係の人が話しています。係の人は、何をしないでほしいと言っていますか。

M：すみません、これ、お願いします。

F：はい。えーと、本が4冊とDVDが1枚ですね。

M：いつまで借りられますか。

F：貸出期間は2週間です。再来週の木曜日までに返してください。

M：木曜日かあ…。その日は出張で、帰りが遅くなるんですよ。本を返すだけなら、入口のポストに入れればいいんですよね。

F：はい。本でしたら、ポストに返していただいていいんですが、DVDは割れてしまうおそれがあるので、窓口で返していただくよう、お願いしているんです。

M：そうなんですか。困ったなあ。

F：同じ市内であれば、ほかの図書館で返すこともできますが、いかがですか。

M：そうですか。会社の近くの図書館なら、営業時間内に行けると思います。じゃ、そうします。

係の人は、何をしないでほしいと言っていますか。

1　再来週の木曜日に本を返す
2　DVD をポストに入れる
3　同じ市内のほかの図書館で本を返す
4　本を2週間借りる

> 「～おそれがある」は「～かもしれない」という意味。女の人は、DVD が割れてしまうかもしれないので、別の方法をお願いしている。　2○

ことばと表現

□窓口：サービスの受付をするところ。

4ばん　正答4

<話者が一番言いたいこと>を問う問題。
15

女の人がホームステイについて話しています。女の人は何が一ばんよかったと言っていますか。

　私は夏休みに広島県にホームステイに行ってきました。ホームステイの2日目に、ホストファミリーと一緒に海に行きました。私の国には海がないので、初めて海を見て感動しました。また別の日は、ホストファミリーのおじいさんの畑に行って、仕事を手伝いました。仕事が終わったあとで、新鮮なトマトやスイカをみんなで食べました。とても甘くておいしかったです。最初のうちは緊張して、ホストファミリーとあまり話せませんでしたが、いろいろなことを一緒に経験するうちに、仲良くなっていきました。帰る時は本当に悲しくて、涙が出てしまいました。短い間でしたが、日本の家族ができたような気がしました。それがホームステイに参加して一番よかったことです。

　女の人は何が一番よかったと言っていますか。

1　夏休みに広島県に行ったこと
2　初めて海を見たこと
3　畑でとれたものをみんなで食べたこと
4　ホストファミリーと仲良くなったこと

「それがホームステイに参加して一番良かったことです」と言っている。「それ」はすぐ前に話したこと。「仲良くなった」は「いい関係になった」という意味。　**4**○

113

5ばん　正答2

<話者のとった行動の理由>を問う問題。

> 　大学で教師と男の学生が話しています。学生はどうして論文の
> テーマを変えることにしましたか。
>
> 　F：山田君、論文の準備は進んでいますか。
> 　M：そのことなんですが…。実は、テーマを変えようと思ってる
> 　　　んです。
> 　F：え？　先週、私がアドバイスした時、そんなことは言ってま
> 　　　せんでしたよね。どうしたんですか。
> 　M：はい。あれから、インターネットでいろいろ調べたり、過
> 　　　去の論文を読んだりして、新しいアイデアも浮かんだんで
> 　　　す。ところが、週末、ほかの大学の友達に会って、話をして
> 　　　いたら、彼の論文のテーマが僕のとすごく似ていたんです。
> 　　　ちょっとびっくりしました。
> 　F：うん、それで？
> 　M：彼はもう、かなり論文を書いてしまっていて…。それで、テー
> 　　　マを変えることにしました。
> 　F：そうですか。今からテーマを変えるのは結構大変ですよ。
> 　　　データも集め直さなきゃいけないし…。
> 　M：はい。でも、がんばってやってみます。
>
> 　学生はどうして論文のテーマを変えることにしましたか。
>
> 　1　新しいアイデアを思いついたから
> 　2　友だちの論文とテーマが似ていたから
> 　3　インターネットで同じ内容の論文を見つけたから
> 　4　先生からアドバイスをもらったから

> 「それで」の前には
> 理由や原因、後ろ
> には結果や変化が
> 来る。

【 ことばと表現 】

□（頭に）浮かぶ：考えやアイデアを思いつく。
□集め直す：もう一度集める。

6ばん　正答1

<話者のとった行動の理由>を問う問題。

男の人と女の人が話しています。女の人はどうして男の人の家に来ましたか。

F：忙しいところ、ごめんね。おじゃまします。

M：いらっしゃい。パソコンが壊れたんだって？

F：そうなの！　来週レポートを出さなきゃいけないのに、動かなくなっちゃって。
　　<u>さっき修理に出したんだけど、1週間かかるって言われて困ってたのよ。</u>

M：そりゃ大変だ。じゃ、これ、パソコンと、充電器ね。はい。

F：ありがとう。助かる！　でも、山田君、<u>本当にこれ借りちゃっていいの？</u>

M：ノートパソコンは必要なときにたまに外で使うだけ。最近はほとんど使ってないからいいよ。いつもはデスクトップのほうを使ってるから。

F：よかった。あ、これ、チョコレート。よかったら、どうぞ。

M：ははは、気にしなくていいのに。でも、ありがとう。

　　女の人はどうして男の人の家に来ましたか。

1　男の人にパソコンを借りるため
2　男の人にチョコレートをあげるため
3　男の人にパソコンを修理してもらうため
4　男の人にレポートを書くのを手伝ってもらうため

男の人は女の人にパソコンと充電器を渡した。女の人は「借りちゃっていいの？」と聞いている。女の人は男の人にパソコンと充電器を借りたことがわかる。

第1回
第2回
第3回

文字・語彙
文法
読解
聴解

問題3（概要理解）
もんだい　　　　がいようりかい

れい　正答2

※第1回と同じ（→ p.44 参照）

1ばん　正答3

＜話者が一番言いたいこと＞を問う問題。
わしゃ　いちばんい　　　　　と　もんだい

> テレビで男の人が話しています。
>
> M：最近はインターネットを利用する人が増えて、紙の本を買っ
> 　　て読む人が減っていると言われています。でも、子どもに絵
> 　　本をプレゼントしたいという人は今でも多いのです。以前、
> 　　私が働いていた本屋では、本が汚れないように、ビニールの
> 　　袋に入れて本を売っていましたが、それでは内容を確かめ
> 　　てプレゼントを選ぶことができません。そのため、お客様か
> 　　らよく「これはどんな話ですか」と質問されました。それで、
> 　　私は絵本専門の本屋をオープンすることにしたんです。当店
> 　　では、なるべくお客さんのお話を直接伺って、ご希望に合っ
> 　　た本をおすすめしています。
>
> 　　男の人は何について話していますか。
>
> 　1　紙の本が売れなくなった理由
> 　2　絵本をプレゼントする理由
> 　3　絵本専門の店を始めた理由
> 　4　客に本をすすめする理由

状況を述べただけ
じょうきょう　の
で、話者が特に言
　　わしゃ　とく　い
いたいことではな
い。

「それで」の前には
　　　　　まえ
理由や事情、後ろ
りゆう　じじょう　うし
には結果や変化が
　　けっか　へんか
来る。絵本専門の
く　　え ほんせんもん
本屋をオープンす
ほんや
ることにした理由
　　　　　りゆう
を説明している。
　せつめい
「オープン」は店な
　　　　　　みせ
どを始めること。
　　　はじ
3○

ことばと表現

□ビニール：plastic; vinyl ／塑料／ túi nilon

□専門：specialty ／专业／ chuyên môn, chuyên ngành
　せんもん

2ばん　正答1

＜話のテーマ＞を問う問題。

テレビで映画監督が話しています。

F：今回の作品は、小説をもとにして作ったものなので、小説の
イメージを壊さないように気をつけました。特に主人公のた
けしの家の中のシーンは難しかったです。小説には絵がない
ですし、私のイメージと、ほかの人のイメージは同じではな
いと思うんです。もちろん、同じである必要はないのですが、
映画をご覧になる人に、自然に作品の世界に入ってほしいと
思いました。それで、何度も家のイメージの絵を描いたり、
実際に小さい家を作ったりして、スタッフと話し合いました。
家具はどんなデザインのものを、どこに置けばいいだろうか
と何度も試しました。そうするうちに、私たち自身が、小説
の中にいるような気がしてきたのです。

映画監督は何について話していますか。

1　この映画をつくるときに大変だったこと
2　小説をもとに映画をつくった理由
3　この映画のおもしろいところ
4　一緒に映画をつくる仲間

> 「…ように気をつけ
> ました」「特に…難
> しかったです」など
> に、話の趣旨が述
> べられている。話
> の後半に苦労した
> こと、大変だった
> ことの具体的な例
> を示している。
> 1○

ことばと表現

□主人公：物語の一番中心の人物。
□シーン：場面。
□ご覧になる：「見る」の尊敬語。

117

3ばん　正答4

<話のテーマ>を問う問題。

23

> テレビで医者が話しています。
>
> M：最近は若くても体力がなくて疲れやすいという人が増えてい
> ます。若いからといって、運動しないでいると体は弱くなっ
> ていきます。しかし、ふだんの生活に運動を取り入れること
> で、それを防ぐことができるのです。私は 20 代から 60 代
> の男女を対象に、運動習慣と体力の関係について調査をしま
> した。その調査から、運動しない 20 代の方は、ほぼ毎日運
> 動をする 40 代の人と体力テストの結果がほぼ同じである<u>こ
> とがわかったのです。年齢や体力に応じた運動をすることが
> 大切です。</u>散歩やストレッチのような気軽にできるものでも
> いいので、今日からでも始めてみませんか。
>
> この医者が伝えたいことは何ですか。
>
> 1　若くても疲れやすい人が増えていること
> 2　20 代の人と 40 代の人の体力が同じであること
> 3　運動習慣と体力について調査をしたこと
> 4　自分の体に合った運動をすること

文末は重要なので、つねに注意する。
「…が大切です」と言っている。
「年齢や体力」→「自分の体」という言い換えもポイント。　**4**○

ことばと表現

□**体力**：体の全体的な力。

＊ストレッチ：筋肉を伸ばしたりやわらかくしたりするための運動。

問題4（発話表現）

れい　正答2

25 (3rd)

※第1回と同じ（→ p.48 参照）

1ばん　正答3

26 (3rd)

お客さんの荷物が重そうです。何と言いますか。

1　お荷物、お持ちください。
2　お荷物、お持ちになります。
3　お荷物、お持ちします。

「お〜します」は、自分が相手のために何かをするとき使う敬語表現。

2ばん　正答2

27 (3rd)

レストランで注文した料理がまだ来ません。何と言いますか。

1　あのう、まだ料理を注文してないんですけど。
2　あのう、だいぶ待ってるんですけど。
3　あのう、料理をお待ちになっているんです。

「〜んですけど」は相手に注意するときによく使う表現。この人は注文した料理を待っている。

3ばん　正答2

28 (3rd)

さいふをなくして、交番へ探しに来ました。何と言いますか。

1　財布がおちてしまったところなんですが。
2　財布を落としてしまったようなんですが。
3　財布を忘れてしまったと思うんですが。

「〜ようなんですが」は「たぶん〜だと思う」という意味。

4ばん　正答1

29 (3rd)

もうすぐ雨が降りそうなので、早く帰りたいです。何と言いますか。

1　雨が降らないうちに帰ろう。
2　雨が降ったら帰ろうかなあ。
3　雨が降ったら帰るだろうか。

「雨が降らないうちに」は「雨が降る前に／降っていない時に」という意味。

問題5（即時応答）

れい　正答1
31 (3rd)

※第1回と同じ（→ p.48 参照）

1ばん　正答1
32 (3rd)

F：来週からミーティングの時間が変わるらしいよ。

M：1　本当？　気をつけなきゃ。
　　2　本当？　変わろう！
　　3　本当？　変えよう。

「時間が変わるらしい」は「時間が変わるそうだ」という意味。聞いたり読んだりして知ったことを表す。

第1回　第2回　第3回

文字・語彙　文法　読解　聴解

2ばん　正答3

3rd
33

M：お客様、お弁当はあたためますか。
きゃくさま　べんとう

F：1　はい、大丈夫です。
だいじょうぶ
　　2　はい、どういたしまして。
　　3　いえ、けっこうです。

「けっこうです」は「いらない／しなくていい」と
いう意味。
いみ
※1が「いえ、大丈夫です」の場合、「いえ、あ
だいじょうぶ　　　ばあい
たためなくても大丈夫です」となり、3と同じ意
だいじょうぶ　　　　　　　おな　い
味になる。
み

3ばん　正答3

3rd
34

F：私の時計、知らない？　黒いベルトの。
わたし　とけい　し　　　　　くろ

M：1　へえ、いいですね。いくらですか。
　　2　昔見たことがありますよ。
むかしみ
　　3　さあ。森さんに聞いてみたら？
もり　　き

女の人は自分の時計を探している。「さあ」はわ
おんな　ひと　じぶん　とけい　さが
からないという意味。
いみ

4ばん　正答1

3rd
35

M：コーヒーでもいかがですか。

F：1　どうぞおかまいなく。
　　2　はい、いただきませんか。
　　3　えんりょしないでください。

「おかまいなく」は何かをすすめられたときに丁
なに　　　　　　　　　　てい
寧に断る表現。「どうぞ」に続けて言うことが多
ねい　ことわ　ひょうげん　　　　　つづ　　い　　　　　おお
い。「かまう」は「世話をする、面倒を見る、相手
せわ　　　めんどう　み　あいて
をする」などの意味。
いみ

5ばん　正答2

3rd
36

F：もう熱は下がったの？
ねつ　さ

M：1　うん、もう何もないよ。
なん
　　2　うん、もう何ともないよ。
なん
　　3　うん、もう何とかなるよ。
なん

「何ともない」は何も問題がない、という意味。
なん　　　　　　　　なに　もんだい　　　　　　　い み

6ばん　正答1

3rd
37

M：あれ？　山田さん、まだ来てないの？
やまだ　　　　　き

F：1　電車が止まってるんだって。
でんしゃ　と
　　2　電車が止まっていくんだって。
でんしゃ　と
　　3　電車が止まりがちなんだって。
でんしゃ　と

「～てる」は「～ている」を短くした言い方。今の
みじか　　　い　かた　いま
様子を表す。
ようす　あらわ

7ばん　正答2

3rd
38

F：このお皿、しまっといてもらえますか。
さら

M：1　はい、一つどうぞ。
ひと
　　2　はい、あの棚でいいですか。
たな
　　3　もうしてしまいました。

「しまっといて」は「しまっておいて」を短くした
みじか
言い方。
い　かた

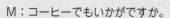 ことばと表現

□しまう：片づける。

8ばん　正答1

3rd
39

M：うわっ、もう、こんな時間!?　2時の電車に
じかん　　　　　じ　でんしゃ
　　間に合うかなあ。
ま　あ

F：1　あと5分でしょ？　間に合うはずがないよ。
ふん　　　　　　　ま　あ
　　2　あと5分でしょ？　間に合うそうだよ。
ふん　　　　　　　ま　あ
　　3　あと5分でしょ？　間に合ってもいいよ。
ふん　　　　　　　ま　あ

「～はずがない」は「～のは無理だ」という意味。
むり　　　　　　いみ

9ばん　正答3

3rd
40

F：今日は午後から雨が降るおそれがありますよ。
きょう　ごご　　　あめ　ふ

M：1　よかった。傘はいらないね。
かさ
　　2　よし、洗濯物を干しておこう。
せんたくもの　ほ
　　3　え～？　ぬれるのはいやだなあ。

「～おそれがある」は「～かもしれない」「～可能
か のう
性がある」という意味。
せい　　　　　　いみ

合格への直前チェック

試験に出る重要語句・文型リスト

文字 ◆ 訓読みに注意したい漢字

語彙 ◆ 意味の似ている言葉

文法 ◆ 接続詞・「～ない」の形

文法 ◆ よく出る基本文型 80

読解 ◆ 読解問題に出るキーワード

聴解 ◆ 聴解問題に出るキーワード

文字　訓読みに注意したい漢字

| □ 遅 | おそーい | 走るのが遅い |
| | おくーれる | 電車に遅れる |

| □ 負 | まーける | 試合に負ける |
| | おーう | 責任を負う（to take responsibility／负责任／gánh trách nhiệm） |

□ 生	いーきる	真面目に生きる
	うーむ	子どもを生む
	うーまれる	赤ちゃんが生まれる
	はーえる	庭に草が生える

| □ 抱 | だーく | 子供を抱く |
| | いだーく | 希望／夢を抱く |

□ 冷	さーめる	スープが冷める
	さーます	熱を冷ます
	ひーえる	足が冷える
	ひーやす	ビールを冷やす

| □ 届 | とどーく | 荷物が届く |
| | とどーける | 書類を届ける |

| □ 折 | おーれる | 骨が折れる |
| | おーる | 木の枝を折る |

| □ 出 | でーる | 部屋を出る |
| | だーす | はがきを出す |

| □ 入 | はいーる | 部屋に入る |
| | いーれる | かばんに入れる |

| □ 平 | たいーら | 平らな道 |
| | ひらーたい | 平たい山 |

| □ 苦 | くるーしい | 息が苦しい |
| | にがーい | 苦いコーヒー |

| □ 臭 | くさーい | 臭いゴミ |
| | におーい | いやな臭い |

| □ 楽 | らく | 楽な仕事 |
| | たのーしい | 楽しい時間 |

| □ 優 | やさーしい | 優しい性格 |
| | すぐーれる | 優れた人 |

| □ 辛 | からーい | 辛い料理 |
| | つらーい | 辛い経験 |

| □ 親 | おや | 親の意見 |
| | したーしい | 親しい友人 |

| □ 全 | まったーく | 全くわからない |
| | すべーて | 全て終わった |

| □ 腹 | （お）なか | お腹が空く |
| | はら | 腹が減る |

□ 空	あーく	席が空く
	そら	青い空
	から	空の箱

語彙 意味の似ている言葉
いみ に ことば

動詞
どうし

- □ 住む
  す
  例 学校の寮に住む
  がっこう りょう す
  to live in a school dormitory ／住在学
  校宿舍／ sống trong kí túc xá của trường

- □ 暮らす
  く
  例 一人で暮らす
  ひとり く
  to live alone ／独自生活／ sống một mình

- □ 着く
  つ
  例 駅に着く
  えき つ
  to arrive at a station ／到达车站／
  đến ga

- □ 届く
  とど
  例 （荷物が）届く
  にもつ とど
  be delivered ／送到／ đến nơi

- □ 学ぶ
  まな
  例 日本語を学ぶ
  にほんご まな
  to learn Japanese ／学习日语／ học
  tiếng Nhật

- □ 習う
  なら
  例 ダンスを習う
  なら
  to learn how to dance ／学习舞蹈／
  học nhảy

- □ 学習する
  がくしゅう
  例 外国語を学習する
  がいこくご がくしゅう
  to learn foreign languages ／学习外
  语／ học ngoại ngữ

- □ 勉強する
  べんきょう
  例 毎日勉強する
  まいにちべんきょう
  to study everyday ／每天学习／ học
  hàng ngày

- □ 働く
  はたら
  例 銀行で働く
  ぎんこう はたら
  to work at a bank ／在银行工作／
  làm việc tại ngân hàng

- □ 勤める
  つと
  例 銀行に勤める
  ぎんこう つと
  to work for a bank ／在银行工作／
  làm việc tại ngân hàng

- □ 勤務する
  きんむ
  例 銀行に勤務する
  ぎんこう きんむ
  to work for a bank ／在银行工作／
  công tác tại ngân hàng

- □ つける
  例 服に名札をつける
  ふく なふだ
  to put a name card on clothes ／衣
  服上别姓名牌／ đeo thẻ tên vào áo

- □ 貼る
  は
  例 はがきに切手を貼る
  きって は
  to put a stamp on a postcard ／明
  信片上贴邮票／ dán tem vào bưu thiếp

- □ 濡れる
  ぬ
  例 雨でかばんが濡れた。
  あめ ぬ
  My bag got wet with rain. ／雨把包
  淋湿了。／ cặp ướt vì mưa

- □ 湿る
  しめ
  例 洗濯物がまだ湿っている。
  せんたくもの しめ
  The laundry is still a little wet. ／衣服
  还是湿润的。／ quần áo phơi vẫn còn
  ẩm

- □ 散る
  ち
  例 風で花が散ってしまった。
  かぜ はな ち
  The flower came down because of
  the wind. ／风把花吹散了。／ hoa rơi
  vì gió

- □ 枯れる
  か
  例 水をやるのを忘れたら、花が
  みず わす はな
  枯れてしまった。
  か
  I forgot to give the flower water and
  it died. ／忘记浇水了，花枯萎了。／
  quên tưới nước nên hoa bị héo mất

- □ 取り消す
  と け
  例 予約を取り消す
  よやく と け
  to cancel a reservation ／取消预约
  ／ hủy đặt hẹn

- □ キャンセルする
  例 注文をキャンセルする
  ちゅうもん
  to cancel an order ／取消订购／ hủy
  đặt hàng

名詞
めいし

- □ 専門
  せんもん
  例 先生の専門は国際経済です。
  せんせい せんもん こくさいけいざい
  The professor's specialty is
  international economics. ／老师的
  专业是国际经济。／ chuyên môn của
  thầy là kinh tế quốc tế

- □ 専攻
  せんこう
  例 大学で経済学を専攻している。
  だいがく けいざいがく せんこう
  I'm majoring in economics at my
  college. ／专业在大学攻读经济学专
  业。／ học chuyên ngành kinh tế học
  tại đại học

試験に出る重要語句・文型リスト

□ 逆
ぎゃく

例 逆の方向に行く
ぎゃく ほうこう い
to go in the opposite direction ／
逆反、相反去相反的方向／đi ngược
hướng

□ 反対
はんたい

例 駅の反対側
えき はんたいがわ
the other side of the station ／相反、
倒车站的另一侧／phía đối diện ga

□ 柄
がら

例 花柄のスカート
はながら
a skirt with a flower pattern ／花纹的
裙子／váy in hoa

□ 模様
もよう

例 ハートの模様が描かれた箱
もよう えが はこ
a box with heart pattern painted ／
画着心形花样的箱子／hộp có vẽ họa
tiết trái tim

形容詞
けいようし

□ 将来
しょうらい

例 将来の夢
しょうらい ゆめ
a dream for someone's future ／ 将
来的梦想／ước mơ trong tương lai

□ 未来
みらい

例 未来の世界
みらい せかい
a future world ／ 未来的世界／thế
giới tương lai

□ 厳しい
きび

例 厳しい指導
きび しどう
a strict instruction ／ 严厉的指导／
hướng dẫn nghiêm khắc

□ 怖い
こわ

例 怖い先生
こわ せんせい
an scary teacher ／ 可怕的老师／
thầy giáo nghiêm khắc

□ 辛い
つら

例 辛い別れ
つら わか
a painful separation ／痛苦的离别／
chia tay rất buồn

□ 苦しい
くる

例 苦しい生活
くる せいかつ
a difficult life ／ 穷困的生活／cuộc
sống khó khăn

□ 賢い
かしこ

例 賢い子供
かしこ こども
a smart child ／聪明的孩子／đứa trẻ
thông minh

□ 偉い
えら

例 どんなに偉い人でも、失敗す
えら ひと しっぱい
ることはある。
Even a great person can make
mistakes sometimes. ／不管是多伟大
的人，也会有失败的时候。／người dù
có quyền đến mấy cũng có lúc thất bại

□ 重要な
じゅうよう

例 重要な書類
じゅうよう しょるい
an important document ／重要的资
料／ tài liệu quan trọng

□ 大切な
たいせつ

例 大切な思い出
たいせつ おも で
a cherished memory ／珍贵的回忆／
kỉ niệm quý giá

□ 上手な
じょうず

例 彼女は踊りが上手だ。
かのじょ おど じょうず
She is good at dancing. ／她擅长跳
舞。／ cô ấy nhảy giỏi

□ 得意な
とくい

例 得意な科目は何ですか。
とくい かもく なん
What subject are you good at? ／
擅长的科目是什么？／ môn học giỏi là
môn gì?

副詞
ふくし

□ いきなり

例 街でいきなり声をかけられた。
まち こえ
In town, someone suddenly called
out to me. ／在街上突然被人叫住。／
bất ngờ bị bắt chuyện ngoài đường

□ 突然
とつぜん

例 突然、部屋に人が入って来た。
とつぜん へや ひと はい き
People came into the room
suddenly. ／房间里突然有人进去了。
／ đột nhiên có người vào phòng

□ なるべく

例 なるべく早く来てください。
はや き
Please come as soon as possible. ／
请尽量早来。／ hãy cố gắng đến sớm

□ できるだけ

例 できるだけ荷物を減らしてく
にもつ へ
ださい。
Please decrease your belongings as
much as you can. ／请尽量减少货物。
／ cố gắng giảm bớt hành lí

□ **だいたい** 例 話の内容はだいたいわかった。
I could mostly understand the content of the story. ／话的内容大体都明白了。／ hiểu đại khái nội dung câu chuyện

□ **ほとんど** 例 ほとんどの人が携帯電話を持っている。
Almost all people have cell phones. ／大多数人都有手机。／ hầu hết mọi người đều có điện thoại di động

□ **ほぼ** 例 新しいビルは、ほぼ完成したようだ。
It seems that the new building was mostly completed. ／新大楼大体好像都完成了。／ tòa nhà mới sắp hoàn thành

□ **だいぶ** 街の様子がだいぶ変わった。
The appearance of the city changed quite a lot. ／街道的样子变化很大。／ phố xá thay đổi nhiều

□ **ずいぶん** 例 彼女は髪型が変わると、ずいぶん印象が違う。
When she changes her hairstyle, it gives a very different impression. ／她的发型一变，印象都不一样了。／ cô ấy đổi kiểu tóc thì ấn tượng cũng sẽ rất khác

□ **かなり** 例 これを言葉で表現するのは、かなり難しい。
It is very difficult to express this with words. ／这用语言来表达非常难。／ rất khó diễn tả điều này bằng ngôn từ

□ **すごく** 例 朝と夕方は、電車がすごく混む。
The trains are very crowded in the mornings and evenings. ／早上和傍晚的电车非常拥挤。／ tàu điện buổi sáng và chiều rất đông

□ **わざと** 例 彼は待ち合わせにわざと遅れて来た。
He came late for the appointment on purpose. ／他故意在约会时间迟到。／ anh ấy cố tình đến muộn buổi họp

□ **わざわざ** 例 電話で済むのに、わざわざやって来た。
He could just call, but made an effort to come over. ／本来电话就能办完的，还特意来了一趟。／ mất công đến tận nơi dù có thể giải quyết qua điện thoại

□ **せっかく** 例 せっかく行ったのに、店が休みだった。
I went all the way, but the store was closed. ／特意去了，结果店铺还没开门。／ mất công đến tơi mà cửa hàng lại đóng cửa

文法 接続詞・「～ない」の形

接続詞 （conjunction／接续词／từ nối）

□ あるいは

または。

例 入院するか、**あるいは**しばらく病院に通うか、どっちかの必要がある。

（You need to either be hospitalized or commute back and forth to the hospital for a while. ／是住院，还是来回地跑医院，总要选择一样。／ cần phải nhập viện hoặc đến khám hàng ngày trong một khoảng thời gian）

□ しかも

それだけでなく、さらに。

例 駅からたった2分。**しかも**、家賃が安い。

（It takes only two minutes from the station. In addition, the rent is cheap. ／离车站只有两分钟。而且，房租便宜。／ chỉ 2 phút đi từ ga. Mà giá thuê nhà lại rẻ.）

□ したがって

だから。

例 調査の結果、安全が確認できませんでした。**したがって**、工事を続けることはできません。

（As the result of our investigation, we could not confirm the safety. Therefore, we can not continue the construction. ／调查的结果，没能确认安全性。因此，无法继续施工。／ theo kết quả điều tra thì không ghi nhận được độ an toàn. Vì thế không thể tiếp tục thực hiện công việc）

□ すると

そうしたら。

例 ゆっくりドアを開けてみた。**すると**、中から白い猫が出てきた。

（I opened the door slowly to see what was there. Then, a white cat came out from inside. ／慢慢地打开了门。于是，从里面跑出只白猫来。／ thử mở cửa thật từ từ. Tức thì, con mèo trắng từ bên trong phóng ra.）

□ そこで

だから。そういうことがあって。

例 交通渋滞は、長年、問題となってきた。**そこで**、市長が新しい提案をした。

（The traffic jam had been a problem for long time. So, the mayor made a new proposal. ／交通拥堵常年成为问题。于是，市长提出了新的提案。／ ùn tắc giao thông là vấn đề lâu nay. Vì vậy, thị trưởng đã đưa ra phương án mới.）

□ その上

それに加えて。さらに。

例 土曜日は朝から雨で、**その上**、風も強かったんです。

（On Saturday, it was raining from the morning and it was very windy as well. ／星期六从早上开始就下雨，而且，风还很强。／ thứ 7 trời mưa từ sáng, đã vậy, gió cũng rất mạnh.）

□ それで

それが原因・理由で。

例 一度、体をこわして入院したんです。**それで**、健康に気をつけるようになりました。

（I became sick and was hospitalized once. Because of that, I became careful about my health. ／有一次弄坏身体住过院。因此，就开始注意健康了。／ tôi từng bị suy nhược và nhập viện. Vì thế, tôi bắt đầu chú ý tới sức khỏe.）

□ それとも

そうではなくて。

例 夕飯にしますか、**それとも**、先にお風呂に入りますか。

（Would you like to eat dinner or take a bath first? ／是先吃晚饭呢？还是先泡澡？／ anh ăn tối, hay là, đi tắm trước?）

□ それに

それに加えて。さらに。

例「パーティーには行かなかったの？」「うん、忙しくて。**それに**、知っている人もいなかったから」

("Didn't you go to the party?""No. I was busy. Also, no one I know was there." ／"你不去宴会了吗？""嗯，太忙了。而且，也没认识的人。" ／ "cậu không đi tiệc sao?" "ừ, bận quá. Vả lại, cũng không có ai quen cả")

□ だが

しかし。※書きことば的。

例 みんながその計画は無理だと言った。**だが**、彼はあきらめなかった。

(Everybody said the plan was impossible. However, he didn't give up. ／大家都说这个计划不可行。但是，他还是没放弃。 ／ mọi người nói kế hoạch đó không thể thực hiện. Nhưng anh ấy vẫn không bỏ cuộc.)

□ ただ

それはそうだが。

例 確かにこのツアーが一番いいと思う。**ただ**、ちょっと値段が高いな。

(I certainly think that this tour is the best. But, the price is a little expensive. ／确实，这个旅行最好。只是，价格有点儿高。 ／ mình thấy tour này đúng là được nhất. Tuy nhiên, giá hơi cao.)

□ つまり

言いかえれば。

例 車は1台だけです。**つまり**、5人で1台に乗るということです。

(There is just one car. It means that five people have to ride in one car. ／只有一台车。也就是说，五个人坐一台车。 ／ chỉ có 1 xe ô tô. Nghĩa là 1 xe chở được 5 người.)

□ ところが

しかし、けれども。

例 次のバス停でおばあさんが乗ってきた。**ところが**、誰も席をゆずらなかった。

("An old woman got on the bus at the next stop, but nobody gave her a seat. ／老奶奶从下一个公交车站上车了。但是，谁也没让座。 ／ ở bến xe buýt tiếp theo có một bà cụ lên xe. Thế nhưng không ai nhường ghế cho bà.)

「〜ない」の形

□ あまり〜ない

多くない、強くない（少ない、軽い）様子を表す。

例 期待して読んだけど、**あまり**面白く**なかった**。

I started to read it with a lot of expectation, but it was not so interesting. ／非常期待地读了，可不太有意思。 ／ háo hức đọc nhưng không được hay cho lắm.)

□ そんなに〜ない

多くない、強くない（少ない、軽い）様子を表す。

例 あと1時間あるから、**そんなに**急ぐ必要は**ない**。

(We still have one more hour, so we don't have to hurry so much. ／还有一个小时，没必要那么急。 ／ còn 1 tiếng đồng hồ nữa nên không cần phải vội thế đâu.)

□ ちっとも〜ない

少しも〜ない。

例 こんな物をもらっても、**ちっとも**うれしく**ない**。

(Receiving something like this doesn't make me happy. ／就是得到这样的东西，也一点儿都不高兴。 ／ nhận thứ như thế này thì cũng chẳng vui chút nào cả.)

□ 全く〜ない

全然〜ない。

例 こういう話題には、**全く**興味が**ない**。

(I'm not interested in topics like this at all. ／我对这样的话题，一点儿都不感兴趣。 ／ tôi hoàn toàn không có hứng thú gì với câu chuyện như thế này cả.)

□ めったに〜ない

〜するのはほとんどない。

例 店長は優しい人で、**めったに**怒ら**ない**。

(The store manager is a nice person and rarely gets angry. ／店长是个性情温和的人，很少发怒。 ／ cửa hàng trưởng là người hiền lạnh, rất hiếm khi nổi cáu.)

文法 よく出る基本文型 80

□ ～うちに

～間に。

例 どうぞ、温かい**うちに**食べてください。

(Please eat it while it is still hot. ／请趁热吃吧。／ xin mời dùng bữa trong lúc đồ ăn còn nóng)

□ ～おかげで

～の力・助けで。～がいたから。感謝の気持ちを表す。

例 親の**おかげで**大学に行くことができた。

(I was able to go to college because of the support from my parents. ／托父母的福我才能上大学。／ nhờ có bố mẹ tôi mới có thể đi học đại học)

□ ～かける

途中まで～（しようと）する。「～する途中であること」を表す。

例 先生は何か言い**かけた**が、やめて、別の話を始めた。

(The teacher was saying something, but stopped, and started to talk about something different. ／老师说了个头，又没说了，说起了别的事情。／ thấy đang nói dở điều gì đó nhưng dừng lại và bắt đầu câu chuyện khác)

□ ～から～にかけて

～から～までの間。

例 今夜**から**明日の朝**にかけて**雪が降るでしょう。

(It will start to snow tonight until tomorrow. ／从今晚到明天早上有降雪。／ tuyết có thể rơi từ đêm nay tới sang ngày mai)

□ ～とは限らない

（～だから）必ず～とはいえない。

例 子どもだから甘いものが好き**とは限らない**。

(It is not always true that children love sweets. ／不见得是孩子就喜欢甜食。／ không hẳn vì là trẻ con nên thích đồ ngọt)

□ ～がる

～と思う。誰かがある気持ちを持っていることを表す。

例 あなたが欠席すると聞いて、彼はとても残念**がって**いました。

(He was very disappointed when he heard that you would be absent. ／听说你缺席，他感到非常遗憾。／ nghe nói cậu không tham gia nên anh ấy tiếc lắm đấy.)

□ ～かわりに

「Aの代わりにB」という場合の表現。

例 牛肉の**代わりに**豚肉を使ってもおいしくできます。

(In place of beef it would also taste good using pork. ／用猪肉代替牛肉使用，非常美味。／ dùng thay thịt bò bằng thịt lợn cũng vẫn ngon.)

□ ～くらい（…はない）

～と同じくらい（ほど）…はない。「～がいちばんだ」という意味を表す。

例 合格発表**くらい**緊張するものはない。

(There is nothing to make me feel nervous more than announcements of test results. ／再没有比合格发表更紧张的了。／ không gì hồi hộp bằng lúc công bố kết quả thi)

□ ～（に）比べて

～と比べると。

例 地方**に比べて**東京は家賃が高い。

(Rent is more expensive in Tokyo comparing to rural areas. ／和地方相比，东京的房租很高。／ so với địa phương thì giá thuê nhà ở Tokyo đắt hơn)

□ ～こそ

～はきっと。まさに～が。

例 今年**こそ**海外旅行に行こう。

(Let's definitely go on an overseas trip this year. ／今年一定要去国外旅行一次。／ năm nay phải đi du lịch nước ngoài nhé)

□ ～ことにする

～という決まりにする。

例 健康のため、明日から毎日30分歩くことにした。

(I decided to walk for 30 minutes everyday from tomorrow for my health. ／为了健康，从明天开始每天都三十分钟。／ vì sức khỏe nên từ ngày mai hàng ngày tôi sẽ đi bộ 30 phút)

□ ～ことになる

～ことが決まる。

例 大阪へ引っ越すことになった。

(It has been decided that I will move to Osaka. ／决定搬到大阪。／ tôi phải chuyển nhà đến Osaka)

□ ～ことはない

～なくていい。～する必要はない。

例 時間は十分ある。急ぐことはない。

(We have a lot of time. There's no hurry.／事件充裕。不用着急。／ vẫn còn khá nhiều thời gian. Không phải vội đâu.)

□ ～さ

形容詞を名詞にした形。

例 この寒さは、今月いっぱいまで続くそうだ。

(I heard that this coldness will continue to the end of this month. ／听说今年会一直冷到这个月月底。／ nghe nói lạnh này sẽ kéo dài đến hết năm)

□ ～最中（に）

～をしているちょうどそのとき。

例 試験の最中に誰かの携帯が鳴った。

(In the middle of the exam, somebody's cell phone rang. ／正在考试的时候，有人的手机响了。／ đang giữa lúc thi thì điện thoại di động của ai đó đổ chuông)

□ ～さえ

～も。最も低いレベルを例にして、意味を強める表現。「～でさえ」は「～でも」。

例 そこは小さな町で、コンビニさえなかった。

(It was a small town and there are not even a convenience store. ／那是个小镇，就连便利店都没有。／ đó là một thị trấn nhỏ, đến cửa hàng tiện ích cũng không có.)

□ ～(さ)せてください

…が～することを許可して（＝OKして）ください。

例 その仕事、私にやらせてください。

(Please let me do that job. ／让我做这个工作吧。／ hãy để tôi làm công việc đó)

□ ～しかない

～だけある。「～しか…ない」は「～だけ…」

（例：彼しか食べない→彼だけ食べる）。

例 冷蔵庫にはコーラしかなかった。

(There was nothing but a Coke in the refrigerator. ／冰箱里只有可乐。／ trong tủ lạnh chỉ có mỗi cocacola)

□ ～ずに

～ないで。

例 気がついたら、電気も消さずに寝てしまっていた。

(I realized that I fell a sleep without turning off the lights. ／没注意到自己没关灯就睡着了。／ nhận ra mình ngủ mà không tắt đèn)

□ ～せいで

～ために。「～が原因・理由で」という意味。

例 円安のせいで、ガソリンが高くなった。

(The gas price went high because the yen is weak. ／因为日元贬值的原因，汽油涨价了。／ do đồng yên rẻ nên giá xăng tăng cao)

□ ～(だ)って［伝聞］

～(だ)そうだ。

例 明日の試合は中止だって。

(I heard that the tomorrow's game was canceled. ／听说明天的比赛中止了。／ trận thi đấu ngày mai đã bị hoãn)

□ ～たところ

～たら、その結果。

例 お店の名前を変えたところ、みんなに覚えにくいと言われた。

(When I changed the name of the store, they said that it is difficult to remember. ／店铺的名称一改，大家都说太难记了。／ vừa đổi tên cửa hàng thì mọi người lại bảo khó nhớ)

□ 〜たび（に）

〜すると、いつも。

例 この曲を聴くたびに、大学の頃を思い出す。
（Every time I listen to this music, I am reminded of my college time. ／一听到这个曲子，就想起了大学时代。／ mỗi lần nghe ca khúc này tôi lại nhớ thời đại học）

□ 〜たら…のに

〜ば…けど（そうならないだろう）なあ。「実際には起こりにくいこと」を願う気持ちを表す。

例 明日の試験、大雪で延期になったらいいのになあ。
（I wish tomorrow's exam would be postponed with the heavy snow. ／明天的考试，要是因为大雪延期就好了。／ giá mà kì thi ngày mai bị hoãn vì tuyết lớn nhỉ.）

□ 〜ついでに…

「〜する機会を利用して（加えて…もする）」という意味。

例 買い物のついでに郵便局に寄った。
（While I was out shopping, I stopped at the post office. ／买东西的时候，顺便去了趟邮局。／ đi chợ nhân tiện ghé vào bưu điện）

□ 〜っけ

確かに〜か。はっきりしないことについて、誰かに確認を求める表現。

例 お父さんの誕生日、明日だったっけ。
（Isn't dad's birthday tomorrow? ／父亲的生日是明天吗？／ có phải sinh nhật bố ngày mai không nhỉ）

□ 〜って［引用］

〜というものは。

例 「スキヤキ」って、どんな食べ物ですか。
（You mentioned Sukiyaki. What kind of food is it? ／「スキヤキ」是什么吃的啊？／ "sukiyaki" là món ăn như thế nào）

□ 〜って

〜と。

例 今日は雪が降るって、天気予報で言ってたよ。
（The weather forecast said that it would snow today. ／据说今天下雪，我听天气预报说的。／ dự báo thời tiết nói là hôm nay có tuyết rơi đấy）

□ 〜っぱなし

〜たまま。

例 昨日、テレビをつけっぱなしで寝てしまった。
（Yesterday I fell asleep leaving the TV on. ／昨天开着电视就睡着了。／ hôm qua tôi ngủ mà để tivi bật suốt）

□ 〜つもりだった（のに）

〜予定だった（が）。

例 野球を見に行くつもりだったのに、急に仕事が入って行けなくなってしまった。
（Although I intended to go to watch the baseball game, I could not go because of an urgent business. ／本来想去看棒球的，突然有工作没能去成。／ định đi xem bóng chày mà có việc gấp nên không đi được nữa）

□ 〜てばかりだ

いつも〜ている。同じことを続けて、変化がない様子を表す。

例 息子は遊んでばかりで、全然勉強しない。
（My son is just playing and doesn't study at all. ／儿子就知玩儿，一点儿都不学习。／ con tôi nó chỉ có chơi mà chẳng học gì cả）

□ 〜てはじめて…

そうなったときに、初めて大切なことに気がつく様子を表す。

例 病気になって初めて、健康のありがたさがわかった。
（I realized the value of health for the first time when I became sick. ／生病后才第一次知道健康的重要性。／ bị ốm rồi tôi mới nhận ra tầm quan trọng của sức khỏe）

□ 〜てほしい

「〜すること」を望む表現。

例 もっと給料を上げてほしい。
（I want them to give me a bigger pay raise. ／希望能再增加些工资。／ tôi mong muốn được nâng lương hơn nữa）

□ 〜ということ

名詞の形をつくる表現。

例 生きるということは簡単なことではない。
（It is not easy to live. ／生活不是简单的事情。／ sống không phải là việc dễ dàng）

□ 〜というと／いえば

〜について、まずイメージされるのは。

例 上野動物園といえばパンダです。

(When Ueno zoo is mentioned, it reminds people of panda bears. ／说到上野公园，还是熊猫。／ nhắc tới sở thú Ueno là nhắc tới gấu trúc)

□ 〜といっても

〜ではあるけれども。

例 レストランといっても、テーブルが２つあるだけの店です。

(Although I said "restaurant", it was a place having only two tables. ／虽说是餐馆，也是只有两个桌子的店铺。／ là nhà hàng nhưng nhỏ thôi chỉ có 2 bàn)

□ 〜とおり

〜と同じように。

例 説明書の通りに組み立てた。

(I put everything together according to the manual. ／按照说明书上的进行组装。／ lắp ráp đúng theo sách hướng dẫn)

□ 〜ておく

準備のために先に〜することを表す。

例 今晩、お客さんが来るから、飲み物を冷やしておいて。

(Please chill the drinks ahead of time, because we will have guests tonight. ／今晚有客人来，冷藏些饮料吧。／ tối nay có khách tới chơi nên ướp lạnh sẵn đồ uống đi)

□ 〜ところだった

もう少しで〜しそうだった。

例 もう少しで会社に遅刻するところだった。

(I was almost late for work. ／上班差点儿就迟到了。／ suýt nữa thì đến công ty muộn)

□ 〜としたら

もし〜なら。

例 海外旅行に行くとしたら、どこに行きたいですか。

(If you go on an overseas trip, where would you like to go? ／如果去国外旅行的话，你想去哪里呢？／ nếu được đi du lịch nước ngoài thì anh muốn đi đâu?)

□ どんなに〜ことか

「どんなに〜だろう。きっと、とても〜だろう」という意味。

例 それが実現したら、どんなに嬉しいことか。

(If it comes true, I can't even imagine how happy I might be. ／那要是能实现的话，有多开心啊！／ nếu thực hiện được điều này thì mừng biết bao)

□ どんな〜でも…

「例外はなく、すべてについて…」ということを表す。

例 気になることがあったら、どんな小さなことでも報告してください。

(If you have something on your mind, please let us know it no matter how small you feel it is. ／要是有什么注意到的事情，多小的事情也要报告。／ nếu có gì thắc mắc hãy báo cáo dù là điều nhỏ nhất)

□ 〜ないことはない

「しないことはない→する」という形。

例 今の収入は多くはないが、生活できないことはない。

(My income is not much, but it is not the case that I can't live with it. ／虽然现在的收入不算多，但也不是不能生活。／ thu nhập hiện giờ không nhiều nhưng không hẳn không sống được)

□ 〜ないと

〜なければ。

例 急がないと間に合わない。

(If you don't hurry, you will miss it. ／不快点儿就赶不上了。／ không nhanh lên thì không kịp)

□ 〜なんか

〜など。軽くあつかう気持ちを表す。嫌ったり怒ったりする気持ちを表す場合もある。

例 見た目なんか、どうでもいい。

(I don't care about appearance. ／外观怎么都无所谓。／ bề ngoài thì thế nào cũng được)

□ ～なんて

～とは。驚きや意外な気持ちを表す。

例 彼がそんなひどいことを言う**なんて**、信じられない。

(I can't believe that he said such a terrible thing. ／他居然说那么过分的话，真让人不敢相信。／ không thể tin nổi anh ấy lại nói điều tồi tệ đến thế)

□ ～において

～で。

例 スピードは増したが、安全面**において**まだ問題がある。

(The speed increased, but there are still problems with safety. ／虽然速度增加了，但安全面上还存在问题。／ tốc độ đã tăng lên nhưng về mặt an toàn thì vẫn còn vấn đề)

□ ～にかわって

「Aの代わりにB」という場合の表現。

例 出張中の社長に**代わって**、部長がスピーチをした。

(The department chief made a speech in place of the president who was on business trip. ／部长代替正在出差的社长进行了演讲。／ thay mặt giám đốc đang đi công tác, trưởng phòng có lời phát biểu.)

□ ～に関して

～について。

例 ここでは、がんの治療**に関して**専門的な研究を行っている。

(They are carrying out specialized research on cancer treatment here. ／这里进行着关于癌症治疗的专门研究。／ ở đây tiến hành nghiên cứu chuyên môn liên quan tới chữa trị ung thư)

□ ～に比べて

～と比べると。

例 前の会社に**比べて**、給料は少しよくなった。

(My salary became a little better compared to my former company. ／和前面的公司相比，工资涨了一点儿。／ so với công ty trước thì lương ít đi)

□ ～にしては

～には似合わず。～とは思えないように。

例 観光地**にしては**人が少ないね。

(There are few people for tourist spot. ／对于观光地来说，人太少了。／ là nơi du lịch mà ít người nhỉ)

□ ～(に)対して

～に。～に向かう様子を表す。

例 授業料の値上げに**対して**、反対意見が出た。

(There was opposition to an increase in tuition. ／对于提高学费１这一点，有人提出反对意见。／ có ý kiến phản đối việc tăng học phí)

□ ～にとって

～には。～の場合。

例 私**にとって**、これはとても大きな問題です。

(From my standpoint, this is a big problem. ／对我来说，这是很大的问题。／ với tôi thì đây là vấn đề rất lớn)

□ ～によって…

～に応じて／～の力・働きで。
※～のもとになるものを示す表現。

例 出発日によってツアー代金が違います。／この建物は当時の政府**によって**建てられた。

(The tour fees are different, depending on the departure date. / This building was built by the government at that time. ／根据出发日不同，旅行费用也不一样。／ 这栋建筑物是当时的政府建造的。／ chi phí gói du lịch khác nhau tùy vào ngày xuất phát/ tòa nhà này được xây bởi chính phủ hiện tại)

□ ～によれば／よると

～では。～の話では。情報のもとを示す表現。

例 案内状**によれば**、パーティーは午後１時からだそうだ。

(According to the invitation letter, the party will start at 1:00 pm. ／据请帖上写的，晚会是下午一点开始。／ theo như giấy hướng dẫn thì bữa tiệc bắt đầu từ 1h chiều)

□ 〜ばかり

〜だけ。〜に集中していることへの不満の気持ちを表す。

例 母は弟ばかり可愛がる。
(My mother only gives her attention to my younger brother. ／母亲只疼爱弟弟。／ mẹ toàn thương em trai)

□ 〜ばかりか…も

〜だけでなく…も。

例 あの店は、店員ばかりか店長も態度が悪い。
(Not only clerks but even the manager has a bad attitude in that store. ／那个店铺，不仅仅是店员，店长的态度也很恶劣。／ cửa hàng đó không chỉ nhân viên mà cả quản lí cửa hàng thái độ cũng tồi)

□ 〜はずだ

きっと〜。普通なら〜。

例 今京都だから、あと30分くらいで大阪に着くはずだ。
(We are now in Kyoto, so we should arrive at Osaka in about 30 minutes. ／现在在京都，还有三十分钟左右就到大阪了。／ giờ mình đang ở Kyoto nên chắc 30 phút nữa là tới Osaka)

□ 〜べきだ

当然〜なければならない。

例 今度のことは彼が悪いのだから、彼が謝るべきだ。
(Since it was his fault that this whole incident happened, he has to apologize. ／这次的事情是他不好，他应该道歉。／ việc lần này là anh ấy sai nên anh ấy nên xin lỗi)

□ 〜ほど

〜(の)ほうがその分…。

例 若い人ほどインフルエンザにかかりやすい。
(The younger you are, the easier you get flu. ／年轻人容易患上流行性感冒。／ người càng trẻ thì càng dễ mắc cúm mùa)

□ 〜ほど…は(い)ない

〜のように…は(い)ない。〜はいちばん…だ。

例 生命の誕生ほど不思議なことはない。
(There is nothing more mysterious than the beginning of life. ／再也没有比生命的诞生而不可思议的事情。／ không có gì kì lạ bằng việc ra đời của một sinh mệnh)

□ 〜ますように

「〜するようにお願いします」という意味。

例 どうか入学試験に合格しますように。
(I hope I will pass the entrance exam. ／但愿入学考试能够合格。／ cầu mong được thi đỗ kì thi đầu vào)

□ 〜まで

(〜だけでなく)〜も。

例 私の留学については、父だけでなく、母までが反対した。
(Not only my dad, even my mom was opposed to my plan for studying abroad. ／对于我的留学，不仅仅是父亲，就连母亲也反对。／ không chỉ bố mà đến mẹ cũng phản đối việc du học của tôi)

□ 〜まま

〜ているその状態で。

例 たまに、めがねをかけたまま寝てしまいます。
(Once in a while I fall a sleep leaving my glasses on. ／有时候我戴着眼镜就睡着了。／ lâu lâu tôi cũng đeo kính mà ngủ luôn)

□ 〜みたい

〜(の)よう。〜に見えることを表す。

例 課長は体が大きくて、クマみたいな人です。
(My section chief is big and looks like a bear. ／科长的个子高，体型像熊。／ trưởng phòng người to lớn như con gấu)

□ 〜もの / もんだ

〜たなあ。なつかしいと思う気持ちを表す。

例 子どもの頃はよく公園で遊んだものだ。
(I used to play in parks when I was a child. ／小时候经常在公园玩。／ hồi nhỏ tôi thường chơi ở công viên)

□ 〜よう（だ）

〜と思う。そのように見えることを表す。

例 残業続きで、彼は疲れている**ようだ**。

(He seems tired from overworking continuously. ／持续加班，他好像很累。／ anh ấy có vẻ mệt mỏi vì liên tục phải làm tăng ca)

□ 〜ようとしない

〜する様子が見られない。

例 息子は、いくら言っても勉強し**ようとしな**い。

(My son doesn't try to study no matter how many times I told him to do so. ／不管怎么对儿子说，他都不学习。／ nói thế nào con trai tôi cũng không chịu học)

□ 〜ようとする

〜することに向かう様子を表す。

例 豆は上に伸び**ようとする**力が強く、１日で５センチ以上伸びる。

(Beans have strong power to try to climb up and grow more than 5 centimeters a day. ／豆子向上长的力量很强大，一天会生长五厘米以上。／ hạt đậu có sức lớn rất mạnh nên 1 ngày có thể dài ra hơn 5cm)

□ 〜ようと思う

〜するつもりだ。

例 引退したら、指導者になろう**と思っ**ている。

(I think I will be a coach after I retire. ／要是引退的话，我想当教练。／ sau khi giải nghệ tôi định làm huấn luyện viên)

□ 〜ように［目的］

〜ことをめざして。

例 〈先生が生徒に〉これからは遅刻や欠席をしない**ように**。

(Do not be late or absence from now on. ／以后注意不要迟到或缺席了。／ từ giờ về sau không được đến muộn hay nghỉ học nữa)

□ 〜ように言う

〜てくださいと言う。

例 雨が降るかもしれないので、傘を持ってくる**ように言わ**れた。

(I was told to bring an umbrella because it might rain. ／因为可能会下雨，让我带伞。／ có thể sẽ mua nên tôi được nhắc mang theo ô)

□ 〜ようにする

〜ために努力する。

例 出発の時間には、絶対遅れない**ようにして**ください。

(Please make very sure not to be late for the departure time. ／出发时间绝对不能晚。／ tuyệt đối không được đến muộn giờ xuất phát)

□ 〜ようになる

〜状態になる。

例 １年間勉強して、日本語が少し話せる**ようになった**。

(I studied for one year and became to be able to speak Japanese a little bit. ／学了一年，能说点儿日语了。／ học được 1 năm thì tôi có thể nói một chút tiếng Nhật)

□ 〜らしい［推量］

〜ようだ。〜そうだ。〜と思われる。

例 今日の試合は延期になる**らしい**。

(It seems that today's game will be postponed. ／听说今天的考试会延期。／ hình như trận đấu hôm nay bị hoãn)

□ 〜らしい［性質］

まさに〜を感じさせる。

例 娘はいつもジーンズで、女性**らしい**服をほとんど着ない。

(My daughter always wears jeans and doesn't wear feminine clothes very often. ／女儿总是穿着牛仔，几乎不穿女孩的衣服。／ con gái tôi lúc nào cũng mặc quần jeans, hầu như không mặc quần áo con gái điệu đà)

□ 〜わけ（が）ない

〜ことは考えられない。

例 彼がそんなひどいことを言う**わけがない**。

（It is impossible for him to say such a terrible thing. ／
他不可能说那么过分的话。 ／ không có chuyện anh ấy
nói điều tồi tệ thế được）

□ 〜わけではない

〜ということではない。

例 試験まで時間はほとんどないけど、あきら
めている**わけではない**。

（Although I don't have much time before the exam,
it does not mean that I gave up. ／到考试为止几乎没
有时间了，但并没有放弃。 ／ Không còn mấy thời gian là
đến kì thi nhưng không phải là tôi đã bỏ cuộc đâu.）

□ 〜わけにはいかない

〜ことはできない（許されない）。

例 就職したら、今までのようにバンドを続け
る**わけにはいかない**。

（Once I start to work, I can't keep playing in the
band as I do now. ／就职了，就不可能像过去一样继
续组织乐队了。 ／ đi làm rồi thì không thể tiếp tục ban
nhạc như từ trước đến giờ）

□ 〜わりに（は）

〜ことを考えると。「〜ことに合わない」とい
う不満の気持ちを表す。

例 値段が高い**わりには**、あまりおいしくない。

（It is not very tasty, considering how expensive it
is. ／价格比较贵，还不太好吃。 ／ giá cao mà lại không
ngon lắm）

読解　読解問題に出るキーワード
どっかい　　　どっかいもんだいにでるキーワード

文化・芸術・歴史
ぶんか　げいじゅつ　れきし
Culture, art and history／文化・艺术・历史／văn học, nghệ thuật, lịch sử

- □ 味わう
  あじ
  to taste／品味、品尝／thưởng thức
  - 例 芸術を味わう、自然の豊かさを味わう
    げいじゅつ　あじ　　しぜん　ゆた　　　あじ
- □ 演奏（する）
  えんそう
  musical performance／演奏／biểu diễn
- □ 画家
  がか
  painter／画家／họa sĩ
- □ 芸術家
  げいじゅつか
  artist／艺术家／nhà nghệ thuật
- □ 現代
  げんだい
  present age, modern times／現代／nguyên gốc
  - 例 現代芸術、現代の社会、現代人
    げんだいげいじゅつ　げんだい　しゃかい　げんだいじん
- □ 作品
  さくひん
  work／作品／tác phẩm
  - 例 有名な作品、作品を発表する
    ゆうめい　さくひん　さくひん　はっぴょう
- □ 作家
  さっか
  writer／作家／tác giả
  - 例 人気作家、作家の意図
    にんきさっか　さっか　いと
- □ 時代
  じだい
  era／時代／thời đại
  - 例 時代の変化、江戸時代
    じだい　へんか　えどじだい
- □ 出来事
  できごと
  event／事件／sự kiện
  - 例 歴史的な出来事
    れきしてき　できごと
- □ 表現（する）
  ひょうげん
  expression／表現／diễn tả
  - 例 自由な表現、表現豊かな作品
    じゆう　ひょうげん　ひょうげんゆた　さくひん
- □ 文学
  ぶんがく
  literature／文学／văn học
  - 例 文学作品、日本文学
    ぶんがくさくひん　にほんぶんがく

生活・社会
せいかつ　しゃかい
Life and society／生活・社会／cuộc sống, xã hội

- □ 田舎
  いなか
  countryside／农村／nông thôn
  - 例 田舎暮らし
    いなかぐ
- □ 解決（する）
  かいけつ
  solution／解決／giải quyết
  - 例 問題を解決する
    もんだい　かいけつ
- □ 苦情
  くじょう
  complaint／抱怨、意见／phàn nàn
  - 例 近所からの苦情、苦情の電話
    きんじょ　くじょう　くじょう　でんわ
- □ 工夫（する）
  くふう
  device／想办法／sáng tạo
  - 例 生活の工夫、工夫が足りない
    せいかつ　くふう　くふう　た

- □ 高齢者
  こうれいしゃ
  senior, elderly person／高龄老人／người cao tuổi
  - 例 高齢者の割合、高齢者の食事
    こうれいしゃ　わりあい　こうれいしゃ　しょくじ
- □ 個人
  こじん
  individual／个人／cá nhân
  - 例 個人の問題、個人客（←→団体客）
    こじん　もんだい　こじんきゃく　だんたいきゃく
- □ 参加（する）
  さんか
  participation／参加／tham gia
  - 例 大会に参加する、参加者、参加費
    たいかい　さんか　さんかしゃ　さんかひ
- □ 事件
  じけん
  incident／事件／vụ án
  - 例 政治家が関係する事件、事件を解決する
    せいじか　かんけい　じけん　じけん　かいけつ
- □ 住民
  じゅうみん
  residents／居民／người dân
  - 例 住民の集まり
    じゅうみん　あつ
- □ 人口
  じんこう
  population／人口／dân số
  - 例 人口が増える、高齢者人口
    じんこう　ふ　　こうれいしゃじんこう
- □ 政治
  せいじ
  politics／政治／chính trị
- □ 制度
  せいど
  system／制度／chế độ
  - 例 教育制度、選挙制度
    きょういくせいど　せんきょせいど
- □ 団体
  だんたい
  group, organization／团体／đoàn thể
  - 例 団体旅行、団体参加（←→個人参加）
    だんたいりょこう　だんたいさんか　こじんさんか
- □ 地域
  ちいき
  region／区域／vùng
- □ 都会
  とかい
  city／都市／thành phố
  - 例 都会と田舎
    とかい　いなか
- □ （お）年寄り
  としょ
  elderly person／老人／người già
  - 例 お年寄りに席をゆずる
    としょ　せき
- □ 人間関係
  にんげんかんけい
  relationship／人际关系／quan hệ con người
- □ 年齢
  ねんれい
  age／年龄／tuổi tác
- □ 犯罪
  はんざい
  crime／犯罪／tội phạm
- □ 被害
  ひがい
  damage／受害／thiệt hại
- □ 平和（な）
  へいわ
  peace／和平的／hòa bình
  - 例 平和な暮らし
    へいわ　く
- □ 若者
  わかもの
  youth, young people／年轻人／người trẻ

教育・研究・科学
きょういく・けんきゅう・か・がく
Science, research and education ／教育・研究・科学／ giáo dục, nghiên cứu, khoa học

□ オンライン　online ／在线／ trực tuyến

□ 学習（する）
がくしゅう
learning ／学习／ học tập
　　　例 学習法（＝学習方法）、学習の機
　　　　 がくしゅうほう　　がくしゅうほうほう　　　　がくしゅう　き
　　　　 会を得る
　　　　 かい　え

□ 基礎
きそ
foundation ／基础／ cơ bản
　　　例 基礎を学ぶ、基礎づくり
　　　　 きそ　まな　　　きそ

□ 結果
けっか
result ／结果／ kết quả
　　　例 試験の結果、結果をまとめる
　　　　 しけん　けっか　　けっか

□ 効果
こうか
effect ／效果／ hiệu quả
　　　例 学習効果、効果が高い
　　　　 がくしゅうこうか　こうか　たか

□ 差
さ
difference ／差／ chênh lệch
　　　例 わずかの差、男女の差
　　　　 さ　だんじょ　さ

□ 実験（する）
じっけん
experiment ／实验／ thí nghiệm
　　　例 実験を重ねる（実験をくり返す）
　　　　 じっけん　かさ　　　じっけん　かえ

□ 調べる
しら
to examine ／调查／ điều tra

□ 順番に
じゅんばん
in order ／顺序／ lần lượt
　　　例 順番に並ぶ、順番に答える
　　　　 じゅんばん　なら　　じゅんばん　こた

□ 速度
そくど
speed ／速度／ tốc độ
　　　例 通信速度、速度が増す
　　　　 つうしんそくど　そくど　ま

□ 方法
ほうほう
way, method ／方法／ phương pháp
　　　例 練習方法、申込方法
　　　　 れんしゅうほうほう　もうしこみほうほう

□ リモート　remote ／远程／ từ xa

□ 割合
わりあい
ratio, percentage ／比例／ tỉ lệ
　　　例 高齢者の割合
　　　　 こうれいしゃ　わりあい

体・健康・病気
からだ・けんこう・びょうき
Body, health and disease ／身体・健康・疾病／ cơ thể, sức khỏe, bệnh tật

□ 医師
いし
doctor ／医师／ bác sĩ

□ （体を）動かす
からだ　うご
to move, to exercise ／活动身体／ vận động cơ thể

□ 栄養
えいよう
nutrition ／营养／ dinh dưỡng
　　　例 栄養をとる、栄養不足
　　　　 えいよう　　　えいようぶそく

□ 屋外
おくがい
outdoor ／屋外／ ngoài trời
　　　例 屋外施設
　　　　 おくがいしせつ

□ 回復（する）
かいふく
recovery ／恢复／ hồi phục
　　　例 健康が回復する、体力が回復する
　　　　 けんこう　かいふく　　　たいりょく　かいふく

□ 患者
かんじゃ
patient ／患者／ bệnh nhân
　　　例 患者をみる、がん患者
　　　　 かんじゃ　　　　　かんじゃ

□ 感染（する）
かんせん
(to) contract (a disease) ／感染／ lây nhiễm

□ 呼吸（する）
こきゅう
breathing ／呼吸／ thở
　　　例 ゆっくり呼吸する
　　　　 こきゅう

□ コロナ禍
か
COVID-19 pandemic ／新冠疫情／ dịch covid 19

□ 室内
しつない
interior ／室内／ trong nhà
　　　例 室内の温度、室内プール
　　　　 しつない　おんど　しつない

□ 水分
すいぶん
moisture ／水分／ nước
　　　例 水分をとる
　　　　 すいぶん

□ ストレス　stress ／精神压力／ căng thẳng
　　　例 仕事のストレス、ストレスがたまる
　　　　 しごと

□ 体温
たいおん
temperature ／体温／ nhiệt độ cơ thể
　　　例 体温を測る
　　　　 たいおん　はか

□ 体力
たいりょく
physical strength, stamina ／体力／ thể lực
　　　例 体力をつける、体力が落ちる
　　　　 たいりょく　　　　たいりょく　お

□ 治療（する）
ちりょう
(to) treat ／治疗／ chữa trị

□ 疲れ
つか
fatigue ／疲劳／ mệt mỏi
　　　例 疲れがたまる、疲れをとる
　　　　 つか　　　　　つか

□ 涙
なみだ
tear ／眼泪／ nước mắt

□ のど　throat ／喉咙／ cổ họng
　　　例 のどが痛い、のどが渇く
　　　　 いた　　　　　かわ

□ 防ぐ
ふせ
to prevent ／防止／ phòng chống
　　　例 風邪を防ぐ、事故を防ぐ
　　　　 かぜ　ふせ　　じこ　ふせ

□ 予防（する）
よぼう
(to) prevent ／预防／ phòng ngừa

□ ワクチン　vaccine ／疫苗／ vắc xin

自然、環境
しぜん、かんきょう
Nature and environment ／自然、环境／ tự nhiên, môi trường

□ 生き物
い　もの
creature ／生物／ động vật
　　　例 地球上のすべての生き物
　　　　 ちきゅうじょう　　　　い　もの

□ 宇宙
うちゅう
universe ／宇宙／ vũ trụ
　　　例 宇宙飛行士
　　　　 うちゅうひこうし

□ 影響（する）
えいきょう
influence ／影响／ ảnh hưởng
　　　例 台風の影響、影響を受けた人
　　　　 たいふう　えいきょう　えいきょう　う　　ひと

試験に出る重要語句・文型リスト

- □ エコ　eco ／环保意识／ tiết kiệm năng lượng
  - 例 エコ活動、エコに熱心な企業
- □ 温度（おんど）　temperature ／温度／ nhiệt độ
  - 例 お湯の温度、室内の温度
- □ 気温（きおん）　temperature ／气温／ nhiệt độ thời tiết
  - 例 あすの気温、5月の平均気温
- □ 気候（きこう）　climate ／气候／ khí hậu
  - 例 温かい気候、気候の変化
- □ 金属（きんぞく）　metal ／金属／ kim loại
  - 例 金属製の板
- □ 災害（さいがい）　calamity; disaster ／灾害／ thảm họa, tai họa
- □ 散る（ち）　to scatter ／凋谢／ rơi
  - 例 花が散ってしまった。
- □ 資源（しげん）　resources ／资源／ tài nguyên
  - 例 資源に恵まれる、天然資源
- □ 実（み）　fruit, berry ／果实／ quả
  - 例 木の実、実がなる（＝できる）
- □ 蒸し暑い（むあつ）　hot and humid, muggy ／闷热／ nóng bức
- □ 人工（じんこう）　artificial ／人工／ nhân tạo
  - 例 人工衛星、人工呼吸器、人工の川
- □ 生える（は）　to grow ／生长／ trồng
  - 例 草が生える、毛が生える
- □ 生物（せいぶつ）　creature ／生物／ sinh vật
  - 例 生物の研究、生物学
- □ 太陽（たいよう）　sun ／太阳／ mặt trời
  - 例 太陽電池、太陽の動き
- □ 津波（つなみ）　tsunami ／海啸／ sóng thần
- □ 天候（てんこう）　weather ／天气／ thời tiết
  - 例 天候の影響を受ける、悪天候
- □ 天然（てんねん）　nature ／天然／ tự nhiên, thiên nhiên
  - 例 天然の水、天然温泉
- □ 虹（にじ）　rainbow ／彩虹／ cầu vồng
- □ 日光（にっこう）　sunlight ／日光／ ánh sáng mặt trời
  - 例 日光に当てる、日光に当たる

- □ 熱（ねつ）　heat ／热度／ nhiệt
  - 例 熱が生じる、高熱に達する
- □ 日差し（ひざ）　sunlight ／阳光／ ánh mặt trời
  - 例 強い日差し、日差しを浴びる

経済・産業（けいざい・さんぎょう）　Economic and industrial ／经济・产业／ kinh tế, công nghiệp

- □ 企業（きぎょう）　company ／企业／ doanh nghiệp
  - 例 大企業、中小企業、有名企業
- □ 経営（する）（けいえい）　management ／经营／ kinh doanh
  - 例 経営者、経営学
- □ 減少（する）（げんしょう）　decrease ／减少／ giảm
  - 例 人口の減少、旅行者の減少、事故の減少
- □ 就職（する）（しゅうしょく）　finding employment ／就职／ đi làm
  - 例 就職活動を始める
- □ 消費（する）（しょうひ）　consumption ／消费／ tiêu thụ
  - 例 消費者、消費税、大量消費、消費期限
- □ 生産（する）（せいさん）　production ／生产／ sản xuất
  - 例 生産者、生産量、大量生産、生産地
- □ 税金／税（ぜいきん／ぜい）　tax ／税金／ thuế
  - 例 消費税、税別価格
- □ 増加（する）（ぞうか）　increase ／增加／ tăng
  - 例 人口の増加、利用者の増加、輸入（量）の増加
- □ 売り上げ／売上（うあ／うりあげ）　sales ／销售额／ doanh thu
  - 例 売上が伸びる、売上報告
- □ 販売（する）（はんばい）　sale, sales ／贩卖／ bán
  - 例 食品の販売、販売方法、通信販売
- □ 輸出（する）（ゆしゅつ）　export ／出口／ xuất khẩu
- □ 輸入（する）（ゆにゅう）　import ／进口／ nhập khẩu
- □ 労働（する）（ろうどう）　work ／劳动／ lao động
  - 例 労働条件、労働環境、重労働、労働者
- □ 雇う（やと）　to hire ／雇佣／ tuyển dụng
  - 例 アルバイトを雇う

商品・サービス
しょうひん
Products and services ／商品・服务／ sản phẩm, dịch vụ

□ 扱う
あつか
to treat, to deal ／処理／ sử dụng

例 この店では、お酒も扱っている。
みせ　　　　　さけ　　あつか
／扱いに注意する
あつか　　ちゅうい

□ 管理（する）
かんり
management ／管理／ quản lí

例 商品管理、鍵を管理する、（アパートなどの）管理人、選手たちの食事を管理する
しょうひんかんり　かぎ　かんり　　　　　　　　かんりにん　せんしゅ　　　　しょくじ　かんり

□ 期限
きげん
deadline ／期限／ thời hạn

例 申込期限、返却期限、消費期限
もうしこみきげん　へんきゃくきげん　しょうひきげん

□ 記入（する）
きにゅう
entry, filling out ／记入／ viết, điền

例 名前を記入する、記入用紙、記入方法
なまえ　きにゅう　　きにゅうようし　きにゅうほうほう

□ 支払う
しはら
to pay ／支付／ chi trả

例 現金で支払う、支払方法、支払期限
げんきん　しはら　しはらいほうほう　しはらいきげん

□ 修理（する）
しゅうり
repair ／修理／ sửa chữa

例 修理を受け付ける、修理センター
しゅうり　う　つ　　しゅうり

□ 使用（する）
しよう
use ／使用／ sử dụng

例 使用目的、使用料、使用済みの切手
しようもくてき　しようりょう　しようず　　　きって

□ 書類
しょるい
document ／文件、资料／ tài liệu

例 重要な書類、申込書類
じゅうよう　しょるい　もうしこみしょるい

□ 製品
せいひん
product ／产品／ sản phẩm

例 家電製品、自社の製品
かでんせいひん　じしゃ　せいひん

□ 代金
だいきん
price ／货款／ giá tiền

例 商品の代金、代金の支払い
しょうひん　だいきん　だいきん　しはら

□ 注文（する）
ちゅうもん
order ／订货／ đặt hàng

例 注文を受け付ける、ネットで注文する、細かい注文
ちゅうもん　う　つ　　　　　　　　ちゅう　　　　こま　ちゅうもん

□ 問い合わせる
と　あ
to inquire ／咨询／ hỏi

例 店に問い合わせる、商品に関する問い合わせ、問い合わせ先の番号
みせ　と　あ　　　　しょうひん　かん　　と　あ　　と　あ　さき　　ばんごう

□ 登録（する）
とうろく
registration ／登录／ đăng kí

例 会員に登録する、登録の手続き、登録番号
かいいん　とうろく　　とうろく　てつづ　　とうろくばんごう

□ 届く
とど
to reach ／到达／ đến nơi

例 荷物が届く、メールが届く、声が届く
にもつ　とど　　　　　　とど　　　こえ　とど

□ 保証（する）
ほしょう
warranty ／保证／ bảo hành

例 安全を保証する、内容を保証する、保証書
あんぜん　ほしょう　　ないよう　ほしょう　　ほしょうしょ

□ 窓口
まどぐち
window ／窗口／ nơi giao dịch

例 登録の窓口、受付の窓口、サービス窓口
とうろく　まどぐち　うけつけ　まどぐち　　　　　　まどぐち

□ 申し込む
もう　こ
to apply ／申请／ đăng kí

例 入会を申し込む、申込書、申込手続
にゅうかい　もう　こ　　もうしこみしょ　もうしこみてつづき

□ 連絡（する）
れんらく
contact ／联络／ liên lạc

例 連絡方法、連絡先、連絡が入る
れんらくほうほう　れんらくさき　れんらく　はい

□ 割引（する）
わりびき
discount ／打折／ giảm giá

例 割引販売、２割引、割引価格
わりびきはんばい　わりびき　わりびきかかく

その他
ほか
Other ／其他／ khác

□ アイデア
idea ／主意、想法／ ý tưởng

例 アイデア商品、アイデアが浮かぶ、アイデアが豊富
しょうひん　　　　　　　　　う　　　　　　　　　ほうぶ

□ アクセス（する）
(to) access ／访问网站／ truy cập

□ アプリ
app; application ／应用程序／ ứng dụng

□ イメージ（する）
image ／印象／ tưởng tượng

例 日本人のイメージ、イメージが浮かぶ
にほんじん　　　　　　　　　　　　う

□ 確認（する）
かくにん
onfirmation ／确认／ xác nhận

例 名前を確認する、再確認する、未確認情報
なまえ　かくにん　　さいかくにん　　みかくにんじょうほう

□ 検討（する）
けんとう
consideration, review ／讨论、探讨／ cân nhắc

例 企画を検討する、中止を検討する、現在検討中
きかく　けんとう　　ちゅうし　けんとう　　げんざいけんとうちゅう

□ システム
system ／系统／ hệ thống

例 通信システム、交通システム、販売システム
つうしん　　　　　　　こうつう　　　　　　　はんばい

聴解　聴解問題に出るキーワード
ちょうかいもんだい　で

大学・学校生活
だいがく　がっこうせいかつ

University and campus life／大学・学校生活／cuộc sống ở trường đại học, trường học

□ 教わる
　おそ
to be taught／受教、学習／học tập

例 私も森先生に絵を教わったことがある。
わたし　もりせんせい　え　おそ

□ 学費
　がくひ
tuition／学費／học phí

例 学費を払う
　がくひ　はら

□ キャンパス　campus／校园／khuôn viên trường

例 大学のキャンパス
　だいがく

□ 研究（する）
　けんきゅう
study (a)／研究／nghiên cứu

例 研究室、研究会
　けんきゅうしつ　けんきゅうかい

□ 講義
　こうぎ
lecture／讲义／bài giảng

例 講義を聞く、講義を受ける
　こうぎ　き　こうぎ　う

□ サークル　club／小组、倶乐部／câu lạc bộ

例 大学のサークル、サークル活動
　だいがく　かつどう

□ 誘う
　さそ
invite／邀请／rủ rê, mời

例 食事に誘う
　しょくじ　さそ

□ 参加（する）　(to) participate／参加／tham gia

□ 時給
　じきゅう
hourly wage／按时计酬／tiền cong theo giờ

例 時給800円のアルバイト
　じきゅう　えん

□ 実習（する）
　じっしゅう
practice／实习／thực tập

例 農業の実習
　のうぎょう　じっしゅう

□ 就職活動
　しゅうしょくかつどう
job hunting／就职活动／tìm việc

□ 奨学金
　しょうがくきん
scholarship／奖学金／học bổng

例 奨学金を受ける
　しょうがくきん　う

□ 進路
　しんろ
future course, path, career option／前进道路、毕业去向／hướng đi tiếp theo

例 進路について相談する
　しんろ　そうだん

□ ゼミ　seminar／研究班课程／giờ học phòng nghiên cứu

例 経済学のゼミ
　けいざいがく

□ 専攻（する）
　せんこう
major／专业／chuyên ngành

例 国際経済を専攻する
　こくさいけいざい　せんこう

□ 大学院
　だいがくいん
graduate school／研究生院／sau đại học

□ 単位
　たんい
credit／学分／tín chỉ

例 単位を取る
　たんい　と

□ 知識
　ちしき
knowledge／知识／kiến thức

例 知識を得る、専門知識
　ちしき　え　せんもんちしき

□ テーマ　theme／题目／tiêu đề

□ 発表（する）
　はっぴょう
presentation／发表／phát biểu

例 研究発表、ゼミの発表
　けんきゅうはっぴょう　はっぴょう

□ 履歴書
　りれきしょ
resume／履历表／sơ yếu lí lịch

会社・仕事
かいしゃ　しごと

Company and work／公司・工作／xã hội, công việc

□ アドバイス（する）
(to) advise／建议／khuyên, gợi ý

□ アンケート　questionnaire／问卷调查／bản điều tra

例 アンケートをとる、アンケート結果をまとめる
　けっか

□ 印刷（する）
　いんさつ
(to) print／印刷／in ấn

□ 打ち合わせ
　う　あ
meeting／协商／họp

例 発表会の打ち合わせ
　はっぴょうかい　う　あ

□ 応募（する）
　おうぼ
(to) apply／应聘／ứng tuyển

例 コンテストに応募する
　おうぼ

□ 会場
　かいじょう
venue／会场／hội trường

例 説明会の会場
　せつめいかい　かいじょう

□ 管理（する）
　かんり
control, management／管理／quản lí

例 商品の管理
　しょうひん　かんり

□ 企画書
　きかくしょ
project proposal／企画书／bản kế hoạch

□ 勤務（する）
　きんむ
work, duty／工作、上班／đi làm

例 A社に勤務する、勤務時間
　しゃ　きんむ　きんむじかん

□ クレーム　claim／不满、索赔／phàn nàn

例 クレームの電話、お客さんからのクレーム
　でんわ　きゃく

□ 原稿
　げんこう
manuscript／草稿／bản gốc

例 原稿をチェックする
　げんこう

□ 作業（する）　work, task ／工作、操作／ làm việc
　　さぎょう
　　　　例 値札を付ける作業、細かい作業
　　　　　　ねふだ　つ　さぎょう　こま　さぎょう

□ 仕上げる　to finish ／加工、潤色／ làm khâu
　　し　あ
　　　　cuối để hoàn tất
　　　　例 一週間で仕上げる、きれいに仕
　　　　　　いっしゅうかん　し　あ　　　　　　　し
　　　　　上げる
　　　　　あ

□ 社会人　member of society ／社会一員、
　　しゃかいじん
　　社会成員／ người trưởng thành
　　　　例 学校を卒業して社会人になる
　　　　　　がっこう　そつぎょう　しゃかいじん

□ 出勤（する）　attendance at work ／上班／ đi làm
　　しゅっきん
　　　　例 朝8時に出勤する
　　　　　　あさ　じ　しゅっきん

□ 資料　materials ／資料／ tài liệu
　　しりょう

□ セミナー　seminar ／讨论课／ hội thảo
　　　　例 働く女性のためのセミナー、就
　　　　　　はたら　じょせい　　　　　　　　　　しゅう
　　　　　職セミナー
　　　　　しょく

□ 調査（する）　(to) investigate ／调查／ điều tra
　　ちょうさ

□ 直前　immediately before ／就在○○○
　　ちょくぜん
　　之前／ ngay trước
　　　　例 会議の直前
　　　　　　かいぎ　ちょくぜん

□ 出来上がる　to be ready, to be completed
　　で　き　あ
　　／做完、做好／ làm xong
　　　　例 5分で出来上がる、出来上がり
　　　　　　ふん　で　き　あ　　　　で　き　あ
　　　　　の日にち
　　　　　ひ

□ 転勤（する）　job transfer ／调动工作／ chuyển việc
　　てんきん
　　　　例 大阪に転勤する
　　　　　　おおさか　てんきん

□ 取引先　business partner ／客户、交易户／ đối tác
　　とりひきさき
　　　　例 取引先との打ち合わせ
　　　　　　とりひきさき　　う　あ

□ 人数　number of people ／人数／ số người
　　にんずう
　　　　例 出席者の人数
　　　　　　しゅっせきしゃ　にんずう

□ プロジェクト　project ／计划／ dự án
　　　　例 新製品のプロジェクト、プロ
　　　　　　しんせいひん
　　　　　ジェクトチーム

□ 報告（する）　(to) report ／汇报／ báo cáo
　　ほうこく

□ 募集（する）　(to) recruil ／招聘／ tuyển (dụng)
　　ぼしゅう
　　　　例 アルバイトを募集する
　　　　　　ぼしゅう

□ ミーティング　meeting ／会议／ họp
　　　　例 ミーティングに出る
　　　　　　で

□ リスト　list ／名单／ danh sách
　　　　例 参加者のリスト
　　　　　　さんかしゃ

役所・図書館など
やくしょ　としょかん
Government offices, libraries, etc. ／政府・图书馆等／ ủy ban thành phố, thư viện v.v...

□ 締め切り　deadline ／截止／ kì hạn
　　し　き
　　　　例 原稿の締め切り
　　　　　　げんこう　し　き

□ 開館（する）　opening ／开馆／ mở cửa thư viện
　　かいかん
　　　　例 （図書館などの）開館時間
　　　　　　としょかん　　　　　かいかんじかん

□ 貸し出し（する）　loan, lending ／租借／ cho mượn
　　か　だ
　　　　例 本の貸し出し
　　　　　　ほん　か　だ

□ 住所　address ／地址／ địa chỉ
　　じゅうしょ
　　　　例 住所と電話番号を記入する（＝
　　　　　　じゅうしょ　でんわばんごう　きにゅう
　　　　　書く）
　　　　　か

□ 問い合わせる　to inquire ／咨询／ hỏi
　　と　あ
　　　　例 ホテルに問い合わせる、商品に
　　　　　　と　あ　　　　　　　しょうひん
　　　　　関する問い合わせ
　　　　　かん　と　あ

□ 届け　notification ／报告、申请／ đơn
　　とど
　　　　例 （休みをとりたい、物をなくし
　　　　　　やす　　　　　　もの
　　　　　た、住所が変わった、などで）
　　　　　じゅうしょ　か
　　　　　（会社、警察、役所などに）届け
　　　　　かいしゃ　けいさつ　やくしょ　　　　とど
　　　　　を出す
　　　　　だ

□ 返却（する）　return ／返还／ trả lại
　　へんきゃく
　　　　例 本を返却する
　　　　　　ほん　へんきゃく

□ 身分証 / 身分証明書
　　みぶんしょう　みぶんしょうめいしょ
　　identification ／身份证／ giấy tờ tùy thân

□ 催し　event ／集会、活动／ sự kiện
　　もよお
　　　　例 公園では、さまざまな催しが行
　　　　　　こうえん　　　　　　　　　　もよお　おこな
　　　　　われる。

商品・サービス
しょうひん
Products and services ／商品・服务／ sản phẩm, dịch vụ

□ 売り切れる　to be sold out ／全部售完、售罄
　　う　き
　　／ bán hết
　　　　例 早く買いにいかないと、売り切
　　　　　　はや　か　　　　　　　　　う　き
　　　　　れてしまう。

□ 価格　price ／价格／ giá
　　かかく
　　　　例 商品の価格、石油価格
　　　　　　しょうひん　かかく　せきゆかかく

□ キャンセル（する）
　　　　(to) cancel ／取消／ hủy, dừng

□ クーポン　coupon ／优惠券／ phiếu giảm giá
　　　　例 旅行のクーポン、1000円分の
　　　　　　りょこう　　　　　　　　　　　えんぶん

クーポン券
けん

□ 契約（する）contract ／协约／ khế ước, hợp đồng
けいやく

例 ２年間の契約、契約書
ねんかん　けいやく　けいやくしょ

□ 故障 breakdown ／故障／ hỏng hóc
こしょう

例 どこか故障しているかもしれない。
こしょう

□ 品物 goods ／物品／ hàng hóa
しなもの

例 欲しい品物を選んでもらいま
ほ　　しなもの　えら
しょう。

□ 新品 new (item) ／新品／ sản phẩm mới
しんぴん

例 新品だから、全然汚れてない。
しんぴん　　　ぜんぜんよご

□ 前日 the day before ／前一天／ ngày
ぜんじつ
trước đó

例 出発の前日
しゅっぱつ　ぜんじつ

□ 送料 shipping cost ／运费／ phí gửi
そうりょう

例 商品の代金とは別に、送料が
しょうひん　だいきん　　べつ　　　そうりょう
500 円かかる。
えん

□ 中古 used ／二手／ đồ cũ
ちゅうこ

例 中古だけど、新品と変わらない。
ちゅうこ　　　　しんぴん　か

□ 通信販売／通販
つうしんはんばい　つうはん
mail order ／邮购／ bán hàng qua mạng

例 通信販売でも買えるそうです。
つうしんはんばい　か

□ 手数料 commission ／手续费／ phí dịch vụ
てすうりょう

例 10％の手数料がかかる。
てすうりょう

□ 当日 the day of ／当天／ đúng ngày đó
とうじつ

例 当日の天気
とうじつ　てんき

□ 値引き（する）discount ／降价／ giảm giá
ねび

例 1000 円値引きしてくれた。
えんねび

□ 発売（する）release, launching ／出售／ bán ra
はつばい

例 来月発売される、発売予定、発
らいげつはつばい　　　はつばい よてい　はつ
売日
ばいび

□ 半額 half price ／半价／ giảm nửa giá
はんがく

例 半額で買う、半額セール
はんがく　か　　はんがく

□ 評判 reputation ／评判／ đánh giá
ひょうばん

例 評判を聞く、いい評判
ひょうばん　き　　　ひょうばん

□ 不良品 defective product ／不良品／
ふりょうひん
sản phẩm kém chất lượng

□ 返品（する）returning product ／退货／ trả lại hàng
へんぴん

例 不良品の場合、返品できますか。
ふりょうひん　ばあい　へんぴん

□ 満席 full occupancy ／满座、满员／
まんせき
kín chỗ

□ 翌日 the next day ／第二天／ ngày
よくじつ
hôm sau

例 パーティーの翌日
よくじつ

交通・移動 Transport and movement ／
こうつう　いどう
交通・移动／ giao thông, di chuyển

□ 往復（する）round trip ／往返／ đi hai chiều
おうふく

例 往復で３時間かかる、往復切符
おうふく　じかん　　　おうふくきっぷ

□ 大通り avenue ／大路／ đường lớn
おおどお

例 大通りに出る、大通り沿いの店
おおどお　で　　おおどお ぞ　　みせ

□ 交通の便 transportation, access ／交通的
こうつう　べん
班次／ giao thông

例 交通の便がいい
こうつう　べん

□ 渋滞（する）congestion ／堵车／ ùn tắc
じゅうたい

例 渋滞でバスが動かない
じゅうたい　　　　うご

□ 近道 shortcut ／近路／ đường tắt
ちかみち

例 駅までの近道
えき　　　ちかみち

□ 到着（する）arrival ／到达／ đến nơi
とうちゃく

例 飛行機の到着時間
ひこうき　とうちゃくじかん

□ 特急 limited express ／特快／ tàu cao tốc
とっきゅう

例 １時間に１本、特急もある。
じかん　ほん　とっきゅう

□ 〜方面 for 〜 ／〜方向／ hướng đi 〜 (tên nơi đến)
ほうめん

例 京都方面行きの電車は何番ホー
きょうと ほうめん い　でんしゃ　なんばん
ムですか。

□ 目印 mark, land mark ／标志／ dấu mốc
めじるし

例 何か目印になるものはないですか。
なに　めじるし

□ 最寄り nearest ／最近的／ gần nhất
もよ

例 最寄りの駅はどこですか。
もよ　えき

健康・美容 Health and beauty ／
けんこう　びよう
健康・美容／ sức khỏe, sắc đẹp

□ 体調 physical condition ／健康状态／
たいちょう
thể trạng

例 体調が悪い、体調に気をつける
たいちょう　わる　たいちょう　き

□ ウイルス virus ／病毒／ virus

例 風邪のウイルス
かぜ

□ 顔色 complexion ／脸色／ sắc mặt
かおいろ

例 顔色がよくない
かおいろ

□ **かゆい** itchy ／痒的／ ngứa

□ **禁煙(する)** non smoking ／禁言／ bỏ thuốc
　　　　　例 この中は禁煙です。

□ **症状** symptom ／症状／ bệnh trạng
　　　　　例 風邪の症状／症状は軽い。

□ **ジョギング** jogging ／慢跑／ chạy bộ

□ **ストレス** stress ／紧张／ căng thẳng
　　　　　例 ストレスを感じる、仕事のストレス

□ **だるい** listless ／疲惫的／ uể oải
　　　　　例 熱のせいで、体がだるい。

□ **トレーニング** training ／训练／ luyện tập

□ **ヘルシー(な)** healthy ／健康的／ (đồ ăn) lành mạnh
　　　　　例 ヘルシーな料理

□ **予防(する)** prevention ／预防／ phòng ngừa
　　　　　例 風邪を予防する

スポーツ・趣味 Sports and hobbies ／运动・爱好／ thể thao, sở thích

□ **インタビュー** interview ／采访／ phỏng vấn
　　　　　例 選手にインタビューする

□ **温泉** hot springs ／温泉／ suối nước nóng

□ **休日** holiday ／休息日／ ngày nghỉ
　　　　　例 休日はどのように過ごしていますか。

□ **食事会** dinner ／晚餐会／ tiệc
　　　　　例 食事会の約束がある

□ **スポーツクラブ**
　　　　　sports club ／运动俱乐部／ câu lạc bộ thể thao

□ **ダイエット** diet ／减肥／ ăn kiêng
　　　　　例 ダイエットを始める、ダイエット効果

□ **ネット(インターネット)**
　　　　　net (internet) ／网络／ mạng internet
　　　　　例 ネットで注文する、ネットで調べる

□ **録画(する)** video recording ／录制／ thu hình

例 録画予約をする、録画するのを忘れる

経済・社会 Economic and social ／经济・社会／ kinh tế, xã hội

□ **給料** salary ／工资／ lương
　　　　　例 給料が上がる、給料のいい会社

□ **景気** economy ／景气／ kinh tế
　　　　　例 景気がよくなる、不景気

□ **コスト** cost ／成本／ chi phí
　　　　　例 コストがかかる、コストが増える

□ **消費税** consumption tax ／消费税／ thuế tiêu dùng
　　　　　例 消費税が加わる

□ **粗大ごみ** oversized garbage ／大型垃圾／ rác cỡ lớn mất phí

□ **流行る** to be in fashion, to be trendy ／流行／ thịnh hành
×例 今年流行った曲

□ **ボーナス** bonus ／奖金／ tiền thưởng
　　　　　例 ボーナスが出る

□ **保険証 / 健康保険証**
　　　　　health insurance card ／健康保险证／ thẻ bảo hiểm

□ **予算** budget ／预算／ ngân sách
　　　　　例 市の予算、予算の四分の一を占める

□ **料金** fee, charge ／金额／ giá tiền
　　　　　例 料金の支払い、料金の値上げ

場所・方向 Location and direction ／场所・方向／ nơi chốn, phương hướng

□ **ATM** ATM ／自动存取款机／ cây rút tiền tự động
　　　　　例 ATMに寄る、ATMでお金を下ろす

□ **裏** back ／后面／ đằng sau
　　　　　例 裏に名前が書いてある。／裏から入る

□ 川沿い（かわぞい） along the river ／沿着河边／ dọc bờ sông

例 川沿い（かわぞい）を歩く（ある）

□ 逆（ぎゃく） reverse ／反面／ ngược lại

例 左右（さゆう）が逆（ぎゃく）。／この電車（でんしゃ）は、逆（ぎゃく）の方向（ほうこう）だ。

□ スペース space ／空間／ khoảng không gian

例 荷物（にもつ）を置（お）くスペースがない。

□ 隅（すみ） corner ／角落／ góc

例 部屋（へや）の隅（すみ）に置（お）いた。

□ 中央（ちゅうおう） center ／中央／ chính giữa

例 部屋（へや）の中央（ちゅうおう）にテーブルを置（お）く

□ 中心（ちゅうしん） center ／中心／ trung tâm

例 街（まち）の中心（ちゅうしん）にあるのが、この建物（たてもの）です。

□ 突き当たり（つきあたり） end ／尽头／ đường cụt

例 その日（ひ）は、2階（かい）の突（つ）き当（あ）たりの部屋（へや）に泊（と）まった。

□ 手前（てまえ） this side ／跟前／ trước mặt

例 一（ひと）つ手前（てまえ）の駅（えき）で降（お）りた。

□ 端（はし） end ／边缘、端／ góc

例 右端（みぎはし）の人（ひと）が田中（たなか）さんです。／机（つくえ）の端（はし）に置（お）く

□ 向かい（むかい） across ／对面／ đối diện

例 向（む）かいのビル

□ 向こう（むこう） over there ／对面／ bên kia

例 道（みち）の向（む）こう側（がわ）／向（む）こうに着（つ）いたら電話（でんわ）して。

□ リビング（ルーム）

living room ／起居室／ phòng khách

大きさ・形・材料（おお・かたち・ざいりょう）

Material size, shape ／大小・形状・材料／ độ lớn, hình dạng, chất liệu

□ 2倍（ばい） double ／两倍／ gấp đôi

□ 2分の1（ぶん） half ／二分之一／ 1 phần 2

□ 2割（わり） 20 percent ／百分之二十／ 20%

□ 50パーセント

50 percent ／百分之五十／ 50%

□ アルコール alcohol ／酒精／ cồn

例 アルコールの入（はい）ってない飲（の）み物（もの）がいいんですが。

□ 缶（かん） can ／罐子／ lon

例 缶（かん）コーヒー、缶（かん）づめ（canned food ／罐头／ đồ hộp）、空（あ）き缶（かん）、缶切（かんき）り

□ 三角（さんかく） triangle ／三角／ tam giác

□ 四角（しかく） square ／四角／ tứ giác

形容詞（けいようし）

Adjective ／形容词／ tính từ

□ 暑い（あつい） hot ／热的／ nóng bức

例 暑（あつ）い日（ひ）、暑（あつ）い夜（よる）

□ 薄い（うすい） thin ／薄的／ mỏng

例 薄（うす）い本（ほん）だから、すぐに読（よ）めるでしょう。

□ かっこいい cool ／帅的／ đẹp, oách

例 かっこいい車（くるま）

□ 地味（な）（じみ） plain ／朴素的／ giản dị

例 彼（かれ）はまじめで、服（ふく）もいつも地味（じみ）だ。

□ 長細い（ながぼそい） long and thin, narrow ／细长的／ thon dài

例 長細（ながぼそ）い箱（はこ）のほうがいい。

□ 細長い（ほそながい） long and thin, narrow ／细长的／ thon dài

例 棒（ぼう）のように、細長（ほそなが）い形（かたち）をしたお菓子（かし）です。

□ 派手（な）（はで） flashy ／华丽的／ lòe loẹt

例 あまり派手（はで）なのより、落（お）ち着（つ）いた感（かん）じのほうがいい。

□ 丸い（まるい） round ／圆的／ tròn

例 丸（まる）いテーブル

人（ひと）

People ／人／ người

□ 奥さん（おく）／奥様（おくさま）

wife ／夫人／ vợ

例 田中さんの奥さん

□ **お年寄り** elderly ／老人／ người già

例 お年寄りに席をゆずる

□ **係／係り** person in charge ／担任／ cháu

例 受付の係、係の人、係員

□ **参加者** participant ／参加者／ người tham gia

□ **自分** myself ／自己／ bản thân

例 自分の持ち物、自分で決める

□ **主人／だんなさん**

husband ／主人、(他人的)丈夫／ chồng

例 田中さんのご主人

□ **上司** boss ／上司／ cấp trên

例 上司に報告する、上司に相談する

□ **親戚** relative ／亲戚／ họ hàng

例 親戚が集まる

□ **担当者／担当の者**

person in charge ／负责人／ người đảm nhiệm

例 担当の者に代わりますので、しばらくお待ちください。

こそあど　ko-so-a-do

□ **こういう** this kind of ／这样的／ như thế này
例 こういう経験はありませんか。

□ **そういう** that kind of ~ you are talking about ／那样的／ như thế kia
例 そういうことを言いたいんじゃありません。

□ **ああいう** that kind of ~ we know ／那样的／ như thế
例 ああいう事故は二度と起きてほしくない。

□ **このあたり** about here ／这附近／ quanh đây
例 このあたりに食べるところはありませんか。

□ **それくらい** that much ／那么点／ cỡ như thế này
例 それくらい自分でやってほしい。

□ **どのような** what kind ／怎样的／ như thế nào

例 どのような活動をしているのですか。

「～ない」の形

□ **あまり～ない**

not ~ much, not very ／不怎么、不大／ không ~ lắm

例 あまりおいしくなかった。

□ **全然～ない** not at all ／一点儿都不／ hoàn toàn không ~

例 全然おもしろくなかった。

□ **そんなに～ない**

not ~ that ／并不太／ không ~ đến thế
例 そんなに安くなかった。

その他　Other ／其他／ khác

□ **かまわない** don't mind, don't care, it is fine ／不顾、不管／ không sao

例 お返事は来週でもかまいません。

□ **ごちそうする**

to treat ／请客／ chiêu đãi

例 今日は私がごちそうします。

□ **しかも** furthermore ／而且、但／ hơn nữa

例 おいしくて、しかも安かった。

□ **そう言えば** that reminds me, speaking of that ／这样说来／ nói mới nhớ

例 そう言えば、もうすぐオリンピックですね。

□ **そうなんだ** Really?, Yeah that's right. ／是吧／ thế à

例 「来月、引っ越しするんです。」「へー、そうなんだ。」

□ **ついでに** while you're at it, using the opportunity ／顺便／ nhân tiện

例 出かけるの？ じゃあ、ついでにこれをポストに出してくれる？

● 著者

森本智子（ルネッサンス ジャパニーズ ランゲージスクール専任講師）
高橋尚子（熊本外語専門学校講師）
松本知恵（NSA 日本語学校専任講師）
黒江理恵（川崎医療福祉大学助教）
有田聡子（HIA 日本語学校非常勤講師）

レイアウト・DTP	平田文普
カバーデザイン	花本浩一
翻訳	Alex Ko Ransom ／司馬黎／ Nguyen Van Anh
本文イラスト	おのみさ
ナレーション	都さゆり／大山尚雄
録音・編集	一般財団法人 英語教育協議会（ELEC）

ご意見・ご感想は下記の URL までお寄せください。
https://www.jresearch.co.jp/contact/

JLPT 日本語能力試験Ｎ３ 完全模試 SUCCESS

令和３年(2021年)12月10日　初版第１刷発行
令和５年(2023年) 6月10日　　第２刷発行

著　者	森本智子・高橋尚子・松本知恵・黒江理恵・有田聡子
発行人	福田富与
発行所	有限会社 Ｊリサーチ出版
	〒 166-0002　東京都杉並区高円寺北 2-29-14-705
電　話	03(6808)8801 (代)　FAX　03(5364)5310
編集部	03(6808)8806
	https://www.jresearch.co.jp
印刷所	株式会社シナノ パブリッシング プレス

ISBN 978-4-86392-538-0

必勝合格！

JLPT
日本語能力試験
完全模試

SUCCESS　N3

Japanese Language Proficiency Test N3 Complete Mock Test SUCCESS
成功的日语能力测试 N3 完整的模拟测试
Thành công kỳ thi năng lực tiếng Nhật N3 Hoàn thành bài kiểm tra mô phỏng

森本智子／高橋尚子／松本知恵／黒江理恵／有田聡子●共著

模擬試験●第1〜3回

問題

※最後に解答用紙があります。

★この別冊は、強く引っ張ると取りはずせます。
The appendix can be removed by pulling it out strongly.
另册部分可以拆卸。
이별책은힘껏잡아당기면뗄수있습니다.

Jリサーチ出版

模擬試験
第1回

N3

げんごちしき(もじ・ごい)

(30 ぷん)

問題1 _____のことばの読み方として最もよいものを、1・2・3・4から一つえらびなさい。

1 これは**普通**のことです。

　1　ふつう　　　　　2　ふうつう　　　　　3　ふづう　　　　　4　ふうづう

2 帰りに**雑誌**を買いました。

　1　さつし　　　　　2　ざつし　　　　　3　さっし　　　　　4　ざっし

3 あしたの**朝食**は、何にしようかな。

　1　ちゅうしょく　　2　ちょうしょく　　3　ちゅうじょく　　4　ちょうじょく

4 昨日は**遅刻**してしまいました。

　1　ちこく　　　　　2　ぢこく　　　　　3　ちごく　　　　　4　ぢごく

5 困ったことがあれば、山田（やまだ）さんに**相談**してください。

　1　そうたん　　　　2　ぞうだん　　　　3　そうだん　　　　4　ぞうだん

6 あの先生は**優し**そうだった。

　1　やさしそう　　　2　かなしそう　　　3　うれしそう　　　4　きびしそう

7 石川（いしかわ）さんは、よく**働く**人だ。

　1　あるく　　　　　2　なく　　　　　　3　うごく　　　　　4　はたらく

8 きのうのことは、**悪かった**と思っています。

　1　さむかった　　　2　わるかった　　　3　こわかった　　　4　つらかった

問題2 ＿＿＿のことばを漢字で書くとき、最もよいものを、1・2・3・4から一つえらびなさい。

2分（1問15秒）

9 10年後のみらいは、どうなっているのでしょうか。

　　1　未来　　　　　2　来未　　　　　3　末来　　　　　4　来末

10 久しぶりにうんてんをしました。

　　1　軍軽　　　　　2　軍転　　　　　3　運軽　　　　　4　運転

11 長い時間スマホを見ていたら、目がいたくなった。

　　1　病く　　　　　2　痛く　　　　　3　症く　　　　　4　疲く

12 大切に使っていたのに、こしょうしてしまいました。

　　1　古障　　　　　2　古章　　　　　3　故障　　　　　4　故章

13 ボールが当たって、女の子がないてしまいました。

　　1　悲いて　　　　2　笑いて　　　　3　抱いて　　　　4　泣いて

14 このいすはかるいですね。

　　1　重い　　　　　2　軽い　　　　　3　厚い　　　　　4　短い

3

問題3 （　　　　）に入れるのに最もよいものを、1・2・3・4から一つえらびなさい。

15 新しいシャツを汚してしまって、（　　　　）です。

1　がっかり　　　　　2　さっぱり　　　　　3　すっきり　　　　　4　ぐっすり

16 仕事だから、いやなことでも（　　　　）しないといけない。

1　集合（しゅうごう）　　　2　渋滞（じゅうたい）　　　3　がまん　　　　　4　失敗（しっぱい）

17 先週、田中（たなか）さんと見た映画の（　　　　）、何だったっけ。

1　スタート　　　　　2　タイトル　　　　　3　セット　　　　　4　コール

18 半年の（　　　　）を立てて、Ｎ３の勉強を進めています。

1　用意　　　　　2　計画　　　　　3　工夫（くふう）　　　　　4　報告（ほうこく）

19 希望（きぼう）の時間をＡからＤの中から（　　　　）して、「決定（けってい）」を押（お）します。

1　意識（いしき）　　　2　決心（けっしん）　　　3　案内（あんない）　　　4　選択（せんたく）

20 中村（なかむら）さんに、この書類（しょるい）を（　　　　）おいてもらえますか。

1　渡（わた）して　　　2　伝（つた）えて　　　3　伸（の）ばして　　　4　重（かさ）ねて

21 このパソコンは、（　　　　）前に買ったものです。

1　だいたい　　　　　2　ようやく　　　　　3　ずいぶん　　　　　4　なるべく

22 今日のお昼、何を食べるか（　　　　）なあ。

1　試す　　　　　2　温める　　　　　3　感じる　　　　　4　迷う

23 難しいと思っていましたが、やってみたら（　　　　）簡単（かんたん）な仕事でした。

1　失礼（しつれい）に　　　2　意外（いがい）に　　　3　得意（とくい）に　　　4　単純（たんじゅん）に

24 新しく入った原（はら）さんは、（　　　　）もよく、仕事をおぼえるのも早い。

1　意識（いしき）　　　2　競争（きょうそう）　　　3　協力（きょうりょく）　　　4　態度（たいど）

25 絶対優勝できると思っていたのに、負けて（　　　　）です。

1　悔しい　　　　　　　2　詳しい　　　　　　　3　激しい　　　　　　　4　険しい

⏳
3分
（1問
30秒）

問題4　　＿＿＿＿に意味が最も近いものを、1・2・3・4から一つえらびなさい。

26 ほしいけど、価格がわかりません。

1　機能　　　　　　　　2　中身　　　　　　　　3　値段　　　　　　　　4　原因

27 通勤には1時間くらいかかります。

1　学校で食べる　　　2　学校に通う　　　　3　仕事をする　　　　4　仕事に行く

28 よく、兄とそっくりだと言われます。

1　似ている　　　　　2　仲がいい　　　　　3　合わない　　　　　4　出かける

29 英語のレポートが完成しました。

1　できました　　　　2　書きました　　　　3　もらいました　　　4　説明しました

30 なにか、もっといい方法はありませんか。

1　話し方　　　　　　2　飲み方　　　　　　3　食べ方　　　　　　4　やり方

問題5 次のことばの使い方として最もよいものを、1・2・3・4から一つえらびなさい。

31 報告

1 母から、帰りに牛乳を買ってきてほしいと報告のメールがあった。

2 会議の結果は、あとで社長に報告する予定だ。

3 今度の試合はたぶん優勝できるだろうと、友達はみんなに報告した。

4 友達が、来月旅行に行こうと報告をしてくれた。

32 お互いに

1 10日の説明会、よかったらお互いに行きませんか。

2 なかなか会えませんが、これからもお互いに頑張りましょう。

3 プレゼントをペンにするかタオルにするか、お互いに悩んでいます。

4 すみません、このテーブルをむこうまでお互いに運んでくれませんか。

33 詰める

1 娘に送る箱に、お菓子や食べ物をたくさん詰めた。

2 朝のバスは、いつもたくさんの人を詰めて走っている。

3 これから説明するので、忘れないように全部メモに詰めてください。

4 すごくのどがかわいていたので、コップいっぱいにお茶を詰めました。

34 問い合わせ

1 お客様からの問い合わせに、メールで詳しく返事をした。

2 この問題がわからなかったので、授業の後で先生に問い合わせをした。

3 きっさてんで、私はコーラ、友達はコーヒーの問い合わせをした。

4 ここまでの説明で、問い合わせのある人は手をあげてください。

35 取り消す

1 漢字を間違えたので、消しゴムで取り消してもう一度書いた。

2 来週は台風が来そうなので、ホテルの予約を取り消した。

3 キッチンが汚れていたので、きれいに取り消した。

4 彼女とけんかをしたので、友達を取り消すことにした。

模擬試験

第1回

N3

言語知識（文法）・読解
げんごちしき ぶんぽう どっかい

（70分）

問題1 つぎの文の（　　　　）に入れるのに最もよいものを、1・2・3・4から一つえらびなさい。

1 スマホ（　　　）あれば、知りたいことはだいたいなんでも調べられる。

　　1　さえ　　　　　　　2　だと　　　　　　　3　には　　　　　　　4　なら

2 渋滞していて、空港まで2時間（　　　）かかってしまいました

　　1　は　　　　　　　　2　も　　　　　　　　3　しか　　　　　　　4　にも

3 田中さんは、私が仕事をしている間に、（　　　）帰っていました。

　　1　いつか　　　　　2　いつのまにか　　　3　どうして　　　　4　どうでも

4 A「早く、早く。映画が（　　　）。」

　　B「チケットは予約してあるから、大丈夫」

　　1　始まらなきゃ　　2　始まっちゃう　　3　始まっとく　　4　始まらないと

5 A「山田さん（　　　）、いい仕事を見つけることができました」

　　B「いえいえ、そんな。」

　　A「本当に、ありがとうございました。」

　　1　に対して　　　　2　のためで　　　　3　のせいで　　　　4　のおかげで

6 この公園は、一年を（　　　）きれいな花が楽しめます。

　　1　通して　　　　　2　中心に　　　　　3　込めて　　　　　4　かけて

7 A「あしたの午後でしたら、いつでも大丈夫ですよ。」

　　B「では、午後3時ごろに（　　　）。」

　　1　うかがいます　　2　いらっしゃいます　3　おっしゃいます　　4　存じます

8

8 A「あっ、店が閉まってる！　今日休みだって。」

B「ほんとだ。（　　　）遠くまで来たのにね。」

1　とうとう　　　　　2　ちっとも　　　　　3　つい　　　　　4　せっかく

9 A「会議の資料、もう準備していいでしょうか」

B「最後にもう一度、部長に（　　　）ね」

A「そうですね」

1　見てもよさそうだ　　　　　　　　　2　見てはいけなさそうだ

3　見られたかもしれない　　　　　　　4　見せたほうがいいかもしれない

10 昔大きい木が2本あった（　　　）、この町の名前は「二本木」になりました。

1　ことは　　　　　2　ことに　　　　　3　ことから　　　　　4　ことだと

11 人気の店も、3時を過ぎると昼（　　　）混んでいない。

1　ほどは　　　　　2　ほどで　　　　　3　までに　　　　　4　までと

12 おなかいっぱいだけど、デザート（　　　）食べられます。

1　だけなら　　　　　2　だけで　　　　　3　でだけ　　　　　4　にだけ

13 最近はよく父に駅まで車で（　　　）いるんです。

1　送ってあげて　　　2　送ってもらって　　　3　送ってくれて　　　4　送って

問題2　つぎの文の　★　に入る最もよいものを、1・2・3・4から一つえらびなさい。

（問題例）

つくえの　＿＿＿　＿＿＿　★　＿＿＿　あります。

　　1　が　　　　　　　2　に　　　　　　　3　上　　　　　　　4　ペン

（解答のしかた）

1．正しい文はこうです。

つくえの　＿＿＿　＿＿＿　★　＿＿＿　あります。

　　　3　上　　2　に　　4　ペン　　1　が

2．　★　に入る番号を解答用紙にマークします。

（解答用紙）　（例）　① ② ③ ●

10

14 山本「もしもし。今どこにいる？」

原田「ちょうど ＿＿＿ ＿＿＿ ★ ＿＿＿ だよ。」

1 ところ　　　　2 今　　　　　3 うちに　　　　4 帰ってきた

15 毎日 ＿＿＿ ＿＿＿ ★ ＿＿＿ 注意されました。

1 いたら　　　　2 ゲームばかり　　3 父に　　　　4 して

16 牛乳が ＿＿＿ ＿＿＿ ★ ＿＿＿ 捨てました。

1 古くなって　　2 いた　　　　3 飲まずに　　　4 ので

17 ＿＿＿ ＿＿＿ ★ ＿＿＿ が、あまりよくない。

1 対する　　　　2 お客さんに　　3 彼は　　　　4 態度

18 どうやったら田中さんみたいに ＿＿＿ ＿＿＿ ★ ＿＿＿。

1 仕事ができる　　　　　　　2 と思った
3 教えてもらいたい　　　　　4 のか

問題3　つぎの文章を読んで、文章全体の内容を考えて、　19　から　23　の中に入る最も
よいものを、1・2・3・4から一つえらびなさい。

一人での外食

　日本に来て驚いたことの一つが、一人で外食をしている人が多いことです。私くらいの
年齢の学生も、お年寄りも、カフェやファーストフード店、牛丼屋、レストランなど、い
ろいろな店で、一人で食べています。私はハンバーガーの店でアルバイトをしていますが、
そこにも一人で食べるお客さんがたくさんいます。スマホを見ながら食べたり、食事のあ
と、ゆっくり本を読んだりしています。私の国では、一人で外食をするのはさびしいこと
です。私は「一緒に食べてくれる人がいないのかな」と　19　。いろいろ考えてみました
が、やはり　20　、一緒にアルバイトをしている日本人学生に聞いてみました。

　　21　、彼女にもそれは普通のことだそうで、私に　22　驚いていました。彼女によ
ると、全然さびしいことではないそうです。忙しいときは人と時間を合わせないといけな
いけれど、時間を合わせなくていいし、一人で食べると、食事に集中できるということで
した。

　　23　を聞いて、今度、私も一人で食べてみようと思いました。どの店でチャレンジ
してみるか、考えています。

19

1　思ったようです　　　　　　　　2　思ってきます

3　思ってほしいです　　　　　　　4　思ってしまいます

20

1　不思議でしょうがなくて　　　　2　不思議にきまっていて

3　不思議とはかぎらなくて　　　　4　不思議なおそれがあって

21

1　つまり　　　　　2　すると　　　　3　それで　　　　4　ただ

22

1　聞かせて　　　　2　聞かれて　　　　3　聞いてもらって　　4　聞いたはずで

23

1　これ　　　　　　2　それ　　　　　3　ここ　　　　　4　そこ

問題4 つぎの(1)から(4)の文章を読んで、質問に答えなさい。答えは、1・2・3・4から最もよいものを一つえらびなさい。

12分（1大問3分）

(1)

これは、ある店から山下さんに届いたメールである。

山下さま

ご連絡ありがとうございました。

ペンとファイルを1つずつご注文されたのに、ファイルが2つ届いたとのことですね。大変申し訳ありませんでした。不足の商品は、本日お送りいたします。

多く入っていたファイルについては、こちらにお送りいただかなくて結構です。そのままお使いください。

このたびは申し訳ありませんでした。

今後ともどうぞよろしくお願いいたします。

スカイ文具
吉田

---

24 このメールからわかることは何か。

1 山下さんは、スカイ文具にファイルを1つを送る。

2 山下さんは、今はペン1本とファイル1つを使える。

3 スカイ文具は、送る数を間違えたので山下さんに連絡した。

4 スカイ文具は、今日、山下さんにペンを1本送る。

言語知識（文法）
・読解

第1回

第2回

第3回

文字・語彙

文法

読解

聴解

(2)

　スマートフォンを見ている時間が長い。なんとなく自分でもそう思っていたが、はっきりと理解したのは最近だ。「１日にどのくらいスマートフォンを見ているか」が表示（ひょうじ）される機能を使い始めたのだ。

　私は自分で「２、３時間くらいかな？」と思っていたが、「７時間」と出てびっくりした。最近は、スマートフォンで英語などの勉強をしている人もいるが、私はそれもしていない。ちょっとニュースを見たり、欲しいものを調べたり、ゲームをしたりしているだけだ。

　自分がしていることだけれど、とてももったいないことだと思った。

25　とてももったいないことだと思ったのはなぜか。

1　スマートフォンを見ている時間が、私が思っている時間と違ったから。

2　毎日たくさんの時間が、スマートフォンを見るのに使われているから。

3　最近、スマートフォンでニュースを見たり、欲しいものを調べたりしているから。

4　英語の勉強などにスマートフォンをうまく使っていないから。

(3)

　私の仕事は、出張がとても多いです。全国いろいろなところへ行きました。私がいつも泊まるのは、全国どこにでもある、出張などでよく使われる「東西ホテル」というビジネスホテルです。出張で行くところに東西ホテルがないときは、ちょっとがっかりします。

　「全国どこへ行っても同じホテルに泊まるなんて、つまらなくないですか。」と聞かれますが、そんなことはありません。出張で疲れているときに慣れないホテルに泊まると、あまり落ち着きませんし、体も休まりません。東西ホテルは、全国どこでも同じつくりの部屋、同じ朝食で安心します。私の第二の家のように感じています。

26　どうしていつも「東西ホテル」に泊まりますか。

　　1　東西ホテルはよく出張で使われるホテルだから。

　　2　東西ホテルではないホテルに泊まると、つまらないから。

　　3　東西ホテルは、どこに泊まっても部屋や食事が同じだから。

　　4　東西ホテルを、いつか私の第二の家にするつもりだから。

言語知識（文法）
・読解

第1回

第2回

第3回

文字・語彙

文法

読解

聴解

(4)

これはアパートの入口に掲示されたお知らせである。

断水だんすいのお知らせ

11月3日(水)14時から16時まで当アパートの水道管すいどうかんの工事を行います。この時間はトイレや台所などの水が出なくなりますので、ご注意ください。なお、工事終了後ご、水道から白っぽい水が出ることがあります。料理などに水を使う場合は、2～3分水を流してからご利用ください(※飲んでも、健康に影響はありません)。

さくらアパート　管理人かんりにん

27　このお知らせを読んでわかることは何か。

1　11月3日の午後2時から6時まで水道すいどうが使えなくなる。

2　工事をしている間、水道から白っぽい水が出る。

3　工事の後に料理をする場合、しばらく水を流してから使ったほうがいい。

4　白っぽい水は体に悪いので、飲まないよう注意が必要だ。

問題5 つぎの(1)と(2)の文章を読んで、質問に答えなさい。答えは、1・2・3・4から最も
よいものを一つえらびなさい。

(1)

　私は割引やセールということばが大好きです。「30％引き」とか「半額」とか書いてあると、すぐ見てしまいます。この間も、インターネットを見ていたら「今だけ！　70％引き」と書いてあったので、かばんを買ってしまいました。とても安いと思ったのですが、買ったあとにその商品を調べたら、ほかのサイトでもほとんど同じ値段でびっくりしてしまいました。①

　100円ショップでもよく買い物をしますが、高いものよりもちょっと壊れやすいです。それであとから買い直すこともあって、「こんなことなら、最初からいいものを買ったほうがよかった」と後悔することもあります。食べ物など、毎日の生活に使うお金についても、そうです。②その時は安いと思って買ったのに、あとで全部合わせて確認したときに、「え？　今月、こんなに使ったの!?」と驚くことがあります。

　安さばかり気にするのではなく、お金を使うときにもう少し考えなければいけません。

28 ①びっくりしてしまいましたとあるが、なぜか。

1　「かばんが70％引き」というのは、いつもよりとても安いから

2　店で買うのにくらべて、インターネットで買うと、とても安いから

3　自分が買ったサイトとほかのサイトで、偶然同じ値段だったから

4　とても安いと思ったのに、ほかのところでも同じような値段で売っていたから

29　何について②後悔するのですか。

1　すぐ壊れるとわかっていて100円ショップのものを買うこと

2　安いものを買ったために、もう一度買わないといけなくなること

3　高いものを買ったのに、安いことを理由にまた買ってしまうこと

4　いつも100円ショップで買っていて、高いものを買わないこと

30　買い物について、今、「私」はどう考えているか。

1　買い物をするときは、もっと安く買えないか考えたほうがいい。

2　長く使えるか、たくさん買いすぎていないかなどを考えて買うつもりだ。

3　安いかどうかよりも、全部でいくら使ったかを考えることが大切だ。

4　安いものを買うとあとで後悔することになるから、やめたほうがいい。

(2)

　一人暮らしを始めたときに、「日本は地震が多いし、台風や大雨もあるから準備しておいたほうがいいよ」と友達に言われた。でも、何を準備すればいいかよくわからなかったし、それまで経験したこともなかったから、特に何もしていなかった。
①

　しかし、去年私の住む町に大きい台風が来た。その日は仕事も休みになって、外に出なかった。風が強くなって心配していたら、停電で電気が消えてしまった。それから、水道も止まってしまった。電気は次の日に戻ったが、家の水は３日間出なかった。飲む水はペットボトルを何本か買っていて家にあったし、食べ物は料理ができなくても買うことができたが、困ったのが生活に使う水だった。まだ暑い時だったが、シャワーも浴びられないし、トイレに使う水もない。市の車が水を配っていると聞いて、ちょっと遠かったがそれをもらいに行ったりした。
②

　それからは、いつ台風が来てもいいように、スマートフォンを充電するためのものや、水と食べ物を準備している。次に同じようなことがあってもたぶん大丈夫だろう。そのときに困らないように、今のうちから考えて行動しておくことが大事だと思った。

31 ①何もしていなかったとあるが、どのようなことか。

1 地震や台風など、これまでに何も経験していなかったこと。

2 準備したほうがいいと言われても、日本語が何もわからなかったこと。

3 友達に準備のことを言われても、何も返事しなかったこと。

4 地震や台風が来るかもしれないと聞いても、何も準備しなかったこと。

32 ②困ったとあるが、どうしてか。

1 電気も水も止まって、何もできなくなってしまったから。

2 生活のために、水や食べ物を買わなければならなかったから。

3 生活に必要な、シャワーやトイレなどに使える水がなかったから。

4 水を配ってくれる場所が、思っていたよりも遠かったから。

33 「私」が一番伝えたいことは何か。

1 大変な状況になる前に、準備しておいたほうがいい。

2 準備をしておけば、ちゃんと考えて行動ができる。

3 水と食べ物さえあれば、それほど困ることはない。

4 台風などで大変なときは、落ち着いて行動することが大切だ。

⏳
12分 **問題6** つぎの文章を読んで、質問に答えなさい。答えは、1・2・3・4から最もよいものを
一つえらびなさい。

　食事の後に眠くなるというのは、おそらくみんな同じだ。私も、午後の授業中につい寝てし
まい、先生に注意されることがある。授業が退屈なわけではなく、本当に勉強したいのでつら
い。そうなるのが、たいてい試験対策の授業の時なので、このままでは試験に受からないので
は…と不安になった。
①

　これではいけないと、どうやったら眠くならないのかをネットで調べてみた。どのサイト
を見ても一番に書いてあるのが、コーヒーを飲むと目が覚めるということだった。紅茶はコー
ヒーほどの効果はないようだ。また、コンビニには目が覚めるようになるための飲み物も売っ
ている。ただ、飲みすぎるとよくない。

　あるサイトに、私のように午後眠くなって困っている人の話が書いてあった。彼はいつも、
昼食の後とても眠くなって、やらなければならない仕事がなかなか進まなかったそうだ。それ
で彼は、パンやごはんを食べすぎないようにした。それらを食べすぎると、後でとても眠く
なってしまうからだ。それまで昼食はパンやおにぎりなどだったが、家で小さいお弁当を作っ
て、バランスよく食べるようにした。おなかがいっぱいになる前に食べるのをやめたり、ゆっ
くり食べたりすることもいいので、やってみた。

　そしてある時、同僚が、困っている彼を見て「学校や会社で昼寝をする国があるんだって」
②
と話してくれたそうだ。彼は早速、昼食の後に15分だけ机で、座ったまま寝ることにした。
すぐに眠れるのか、時間が短すぎるんじゃないか、などと思ったが、あっという間に寝てしまっ
ていた。15分経って起きると頭がすっきりしていて、その日の午後は全く眠くならなかった。
その後も、この2つを続けているそうだ。

　どちらも私にもできそうなことなので、これからやってみようと思う。「食事」のほうは、眠
くなるのを抑えるだけではなく、健康にもよさそうだ。効果があれば、今度の試験でもいい結
果が出そうな気がする。

34 ①そうなるとは、どのようになるということですか。

1 授業中に寝てしまう。

2 つまらない授業が嫌になる。

3 授業を受けるのが不安になる。

4 授業で先生に注意される。

35 ②困っているのはなぜか。

1 ゆっくり食べると、仕事があまり進まないから。

2 お弁当が小さくなって、おなかがいっぱいにならないから。

3 仕事を頑張りたいのに、いつも眠くなってしまうから。

4 机で座ったまま寝ると、疲れが十分にとれないから。

36 「彼」が続けていることは何か。

1 目が覚める飲み物を飲んで、昼食をとる。

2 小さいお弁当を食べて、自分の席で少し寝る。

3 紅茶を飲んで、落ち着いた気分になる。

4 元気が出るように、パンやごはんをしっかり食べる。

37 「私」は、これからについてどう考えているか。

1 食後に眠くならなかったら、昼も夜も頑張って勉強ができる。

2 食事に気をつけて健康になれば、自然と成績もよくなっていく。

3 午後眠くならなかったら、ちゃんと授業が聞けて成績が上がる。

4 できることをちゃんとすれば、誰でもいい結果を出すことができる。

問題7 右のページは、ボランティア募集の案内である。これを読んで、下の質問に答えなさい。答えは、1・2・3・4から最もよいものを一つえらびなさい。

8分

38 松本くんは、港南市に住んでいる16歳の高校生で、ボランティアをしたいと思っている。平日は学校で、土曜日の午前中はクラブ活動をしている。松本くんが申し込みできるのはどれか。

1 ①⑤⑥

2 ③⑤⑥

3 ②⑤⑥

4 ④⑥⑦

39 松本くんがボランティアをするには、どうしたらいいか。

1 9月14日に、申し込み用紙に記入して郵便かFAXで申し込む。

2 9月14日までに、早めに電話か郵便で申し込む

3 9月14日に、ホームページにある申し込み用紙を使って、Eメールで申し込む。

4 9月14日までに、できるだけ早く郵便かインターネットで申し込む

港南市キッズフェスティバル
ボランティア募集！

子供が楽しめる、たくさんのイベントがあるキッズフェスティバル。
ボランティアとしていっしょに頑張ってくれる人を募集しています。

●活動日時
準備日：20XX 年 10 月 19 日（金）
　　　　①14：00〜18：00
当日：10 月 20 日（土）
　　　　②9：00〜13：30
　　　　③13：30〜18：00
　　　　④18：00〜20：00
　　　　21 日（日）
　　　　⑤9：00〜13：30
　　　　⑥13：30〜18：00
　　　　⑦18：00〜20：00

●募集人数
10 月 19 日（金）30 名
10 月 20 日（土）、21 日（日）　①④ 20 名、②⑤ 30 名、③ 10 名、⑥ 15 名

●仕事内容
準備日：会場準備など
当日：会場案内、駐車場案内、受付、片付け、その他手伝い

●お申し込み条件
市内に住んでいる 15 歳以上の方
④⑦は 18 歳以上の方

●申し込みしめ切り
9 月 14 日（金）
※申し込みが募集人数になったら締め切ります。

●申し込み方法
①ホームページから申し込む
②申し込み用紙に、名前・住所などを書いて、郵送　※ FAX 受付は行いません

●お問い合わせ先
キッズフェスティバル事務局
〒 870-8852
港南市やまと町 81-46 「キッズフェスティバル事務局　ボランティア係」
電話：062-523-9988　E メール：kidsfes@kids.co.jp
URL：https://www.kidsfes.co.jp

模擬試験
第1回

N3

聴　解
ちょう　かい

（40分）

問題1

問題1では、まず質問を聞いてください。それから話を聞いて、問題用紙の1から4の中から、最もよいものを一つえらんでください。

れい

1 きゃくをかいぎ室にあんないする

2 しりょうをコピーする

3 きゃくにお茶を出す

4 かいぎ室のエアコンをつける

1ばん

1 資料を印刷する

2 資料を直す

3 部長に見せる

4 女の人に連絡する

第3回

2ばん

1　27000円

2　30000円

3　37000円

4　40000円

3ばん

1　ビデオを見る

2　近くの人と話す

3　メモをする

4　レポートを書く

4ばん

1　祖父と祖母に電話する

2　ケーキ屋に電話する

3　息子とプレゼントを買いに行く

4　料理のメニューを考える

5ばん

1 　12時

2 　11時半

3 　11時

4 　10時半

6ばん

1 　14日日曜日の3時から5時

2 　14日日曜日の午前

3 　21日日曜日の3時から6時

4 　21日日曜日の2時から5時

問題2

問題2では、まず質問を聞いてください。そのあと、問題用紙を見てください。読む時間があります。それから話を聞いて、問題用紙の1から4の中から、最もよいものを一つえらんでください。

れい

1　ぐあいが悪かったから

2　ねぼうしたから

3　セミナーに行きたくないから

4　お昼を食べていたから

1ばん

1 夜にがっきをひいたから

2 テレビの音が大きかったから

3 ちがう日にごみを出したから

4 夜おそくにせんたくをするから

2ばん

1 おきゃくさまにきちんとあいさつをする

2 レジに人がならばないようにする

3 そうじを早く終わらせる

4 注文をまちがえないようにする

3ばん

1 体力をつけるため

2 たくさん友達をつくるため

3 やせるため

4 サッカーが上手になるため

4ばん

1　検査を受けるのが怖いから
2　検査の結果が心配だから
3　検査の結果が良くなかったから
4　検査が大変だったから

5ばん

1　かぜをひいたから
2　内容が難しくなってきたから
3　友達が国へ帰るから
4　友達とけんかしたから

6ばん

1　駅から遠いから
2　マンションの一階がコンビニだから
3　近くに公園がないから
4　家賃が高いから

1st 19~23 問題3

問題3では、問題用紙に何もいんさつされていません。この問題は、全体としてどんなないようかを聞く問題です。話の前に質問はありません。まず話を聞いてください。それから、質問とせんたくしを聞いて、1から4の中から、最もよいものを一つえらんでください。

― メモ ―

問題4

1st 24~29

問題4では、えを見ながら質問を聞いてください。やじるし(→)の人は何と言いますか。1から3の中から、最もよいものを一つえらんでください。

れい

1ばん

2ばん

3ばん

4ばん

問題5

問題5では、問題用紙に何もいんさつされていません。まず文を聞いてください。それから、そのへんじを聞いて、1から3の中から、最もよいものを一つえらんでください。

― メモ ―

模擬試験

第2回

N3

げんごちしき(もじ・ごい)

(30ぷん)

問題1 ＿＿＿＿のことばの読み方として最もよいものを、１・２・３・４から一つえらびなさい。

1 この表現は<u>日常</u>生活でよく使う。

1　にちしょう　　　2　にちじょう　　　3　にっしょう　　　4　にっじょう

2 きのうは夜中^{よなか}に何回も目が<u>覚</u>めた。

1　せめた　　　　2　すめた　　　　3　しめた　　　　4　さめた

3 広くて<u>快適</u>な部屋に住みたい。

1　かくつう　　　　2　かくてき　　　　3　かいつう　　　　4　かいてき

4 この<u>辺</u>りにコンビニはありますか。

1　はんり　　　　2　へんり　　　　3　あたり　　　　4　まわり

5 <u>全</u>く知らない人から声をかけられた。

1　まったく　　　　2　ぜんく　　　　3　しばらく　　　　4　すべく

6 このプールは<u>浅</u>いので、子供でも泳げる。

1　ちかい　　　　2　あさい　　　　3　せまい　　　　4　うすい

7 次の試合はＢチームとＤチームが<u>戦</u>うことになった。

1　せんう　　　　2　そうう　　　　3　たたかう　　　　4　あらそう

8 あの<u>夫婦</u>は結婚して５年になる。

1　ふうふ　　　　2　ふふう　　　　3ふふ　　　　4　ふうふう

問題2 ＿＿＿のことばを漢字で書くとき、最もよいものを、1・2・3・4から一つえらびなさい。

2分（1問15秒）

9 この書類を田中さんに<u>わたして</u>ください。

1 持して   2 渡して   3 伝して   4 連して

10 夜になるとカエルの<u>なき</u>声が聞こえる

1 島き   2 鳥き   3 嶋き   4 鳴き

11 この店の料理は、味が<u>うすい</u>。

1 薄い   2 細い   3 軽い   4 弱い

12 ここにある飲み物は、<u>じゆう</u>に飲んでいいです。

1 白申   2 白由   3 自申   4 自由

13 <u>かんたん</u>に作れる日本料理を、教えてください。

1 筒単   2 筒巣   3 簡単   4 簡巣

14 このビールは、あまり<u>つめたく</u>ないのでおいしくない。

1 寒たく   2 凍たく   3 冷たく   4 涼たく

問題3 （　　　）に入れるのに最もよいものを、1・2・3・4から一つえらびなさい。

15 きのうから歯が痛くて、食べ物がうまく（　　　）。

1　なめない　　　　2　かめない　　　　3　よえない　　　　4　すえない

16 それについては、山本さんが（　　　）知っていますよ。

1　くわしく　　　　2　細く　　　　3　えらく　　　　4　激しく

17 この素材は、汗を吸うと温度が上がる（　　　）がある。

1　気分　　　　2　内容　　　　3　性質　　　　4　流行

18 食事をする前に、テーブルの上を（　　　）ください。

1　乾いて　　　　2　ふいて　　　　3　はいて　　　　4　ぬらして

19 思っていることを（　　　）に言うと、相手を傷つけることがある。

1　スムーズ　　　　2　スペース　　　　3　ストレート　　　　4　ストレス

20 食べ物を（　　　）にしないように、食べられる量だけ注文するようにしましょう。

1　残り　　　　2　じゃま　　　　3　むだ　　　　4　面倒

21 スイッチを入れるのを忘れて、ご飯が（　　　）いなかった。

1　沸いて　　　　2　煮て　　　　3　焼けて　　　　4　炊けて

22 さっき（　　　）声が聞こえた。何かあったのかなあ。

1　叫び　　　　2　呼び　　　　3　問い　　　　4　吹き

23 あしたは仕事が休みだ。家で（　　　）しよう。

1　ぴったり　　　　2　のんびり　　　　3　ぐっすり　　　　4　そっくり

24 何十回もやったので、このゲームはもう（　　　）しまった。

1　過ぎて　　　　2　勝って　　　　3　積んで　　　　4　飽きて

25 この野菜ジュースを飲み始めてから、体の（　　　　）がよくなった気がする。

1　環境　　　　　　　2　くせ　　　　　　3　実力　　　　　　4　調子

問題4　＿＿＿＿に意味が最も近いものを、1・2・3・4から一つえらびなさい。

3分（1問30秒）

26 箱の中に余ったおかしを詰めた。

1　いっぱい入れた　　2　きれいに置いた　　3　捨てた　　　　　4　片づけた

27 この写真を見て、ますますそこに行きたくなった。

1　だいぶ　　　　　　2　すごく　　　　　　3　かなり　　　　　4　さらに

28 弟とけんかになって、つい叩いてしまった。

1　かなり　　　　　　2　思わず　　　　　　3　しっかり　　　　4　いきなり

29 林さんはいつも勝手に行動するので、よく部長に注意される。

1　突然　　　　　　　2　自然に　　　　　　3　不まじめに　　　4　許可なく

30 梅雨の時期は、雨の日が続いてうんざりする。

1　不安になる　　　　2　困る　　　　　　　3　いやになる　　　4　腹が立つ

問題5 つぎのことばの使い方として最もよいものを、1・2・3・4から一つえらびなさい。

31 まとめる

1 小麦粉と牛乳とバターをまとめて、パンを焼いた。

2 森社長は、20年間かけて100枚を超える絵をまとめて、美術館をつくった。

3 服のボタンが取れたので、母にまとめてもらった。

4 けさの会議の内容をまとめて、あしたまでに報告書を作ってください。

32 あいまい

1 部屋で何もすることがなく、あいまいだった。

2 課長の返事はあいまいで、賛成なのか反対なのか、よくわからなかった。

3 一人で海外旅行をするのは初めてなので、ちょっとあいまいです。

4 長い時間パソコンを見ていたら、目があいまいになってしまった。

33 おかわり

1 このシャツ、いいデザインですね。おかわりの色もありますか。

2 早ければ、おかわりした次の日に商品が届くそうです。

3 あの店のラーメンは量がおかわりなので、若い男性に人気がある。

4 まだたくさんありますので、遠慮なくおかわりしてくださいね。

34 両替する

1 細かいお金がたくさん必要なので、銀行でお札を両替して来よう。

2 来週休みをとりたいので、中山さんにアルバイトを両替してもらった。

3 世界経済の状況によって、日本円の価値が常に両替する。

4 まだ使用していない商品は、買ってから1週間以内なら両替できる。

35 めったに

1 毎週ダンスの練習をしているけど、めったにうまくならない。

2 彼女は高校の時からの友達で、めったに会っています。

3 あの歌手は人気があるが、テレビにはめったに出ない。

4 今の時代、インターネットを使えば、どんなものでもめったに買える。

模擬試験

第2回

N3

言語知識（文法）・読解

（70分）

7分〈1問30秒〉

問題1 つぎの文の（　　）に入れるのに最もよいものを、1・2・3・4から一つえらびなさい。

1 A：ご家族は何人ですか。

B：4人ですが、子供たちは就職して家を出ているので、今は夫婦二人（　　）です。

1　まま　　　　　　　2　さえ　　　　　　　3　きり　　　　　　4　しか

2 A：ねえ、ちょっと掃除、手伝ってくれる？

B：えー、やだよ。

A：ひまな（　　）。ちょっとぐらい、手伝ってくれてもいいじゃない。

1　たびに　　　　　　2　ために　　　　　　3　ように　　　　　4　くせに

3 A：何に（　　）ますか。

B：えーっと、コーヒーを2つ。

A：かしこまりました。

1　召し上がり　　　　2　なさい　　　　　　3　いらっしゃい　　4　うかがい

4 A：あしたはサッカーの試合があるから、雨が降らないと（　　）。

1　よかった　　　　　2　よいだろう　　　　3　いいなあ　　　　4　いいかしら

5 うちの子は、休みの日はマンガ（　　）読んでいます。

1　ばかり　　　　　　2　すら　　　　　　　3　さえ　　　　　　4　しか

6 A：大阪名物（　　）、たこ焼きですよね。

B：そうですね。でも、ほかにもおいしいものがたくさんありますよ。

1　として　　　　　　2　といっても　　　　3　としたら　　　　4　といえば

7 息子さんは、会う（　　）背が高くなっていますね。

1　ために　　　　　　2　ときに　　　　　　3　わりに　　　　　4　たびに

8 A：あしたの会議の資料、もうできたんでしょうか。

B：さっき田中さんが「今日中に終わり（　　　）ない」って言ってましたよ。

1　ことに　　　　　　2　みたい　　　　　　3　そうに　　　　　　4　ように

9 山田さん、来年からイギリスに留学するんだ（　　　）。

1　っと　　　　　2　って　　　　　3　ものか　　　　　4　ものだ

10 この魚はやわらかいので、骨（　　　）食べられます。

1　まで　　　　　2　までに　　　　　3　しか　　　　　4　しかも

11 A：来週の面接、合格するかな。

B：（　　　）合格できなくても、覚えたことは後で役に立つよ。

1　たしか　　　　　2　たしかに　　　　　3　たとえ　　　　　4　たとえば

12 あさって、ふじ工業の方があいさつに（　　　）ます。

1　お目にかかり　　　2　見え　　　　　3　参り　　　　　4　申し

13 この店は、コーヒーがたった100円だ。（　　　）、一人一杯だけだ。

1　なぜなら　　　　　2　ところで　　　　　3　つまり　　　　　4　ただし

問題2 つぎの文の ★ に入る最もよいものを、1・2・3・4から一つえらびなさい。

（問題例）

つくえの ＿＿＿ ＿＿＿ ★ ＿＿＿ あります。

1　が　　　　　　2　に　　　　　　3　上　　　　　　4　ペン

（解答のしかた）

1．正しい文はこうです。

つくえの ＿＿＿ ＿＿＿ ★ ＿＿＿ あります。
3　上　　2　に　　4　ペン　　1　が

2．★ に入る番号を解答用紙にマークします。

（解答用紙）　| （例） | ① ② ③ ● |

14 A： あしたの会議の司会、うまくできるでしょうか。

B： 初めてなんだから、＿＿＿ ＿＿＿ ★ ＿＿＿ ないよ。

1 それほど　　　　　2 気にする　　　　　3 ことは　　　　　4 失敗しても

15 山川さんが会社を ＿＿＿ ＿＿＿ ★ ＿＿＿ みんな悲しむだろうね。

1 としたら　　　　　2 やめる　　　　　3 本当だ　　　　　4 のが

16 ＿＿＿ ＿＿＿ ★ ＿＿＿ 毎日夜遅くまで勉強するのは体によくない。

1 試験が　　　　　2 と言っても　　　　　3 いくら　　　　　4 近い

17 何度も頼んでいるが、夫は ＿＿＿ ＿＿＿ ★ ＿＿＿ 。

1 やめよう　　　　　2 と　　　　　3 たばこを　　　　　4 しない

18 私が作った料理に文句ばかり言うなら、自分で ＿＿＿ ＿＿＿ ★ ＿＿＿ のに。

1 作れば　　　　　2 いい　　　　　3 好きな　　　　　4 ものを

問題3 つぎの文章を読んで、文章全体の内容を考えて、 19 から 23 の中に入る最も
よいものを、1・2・3・4から一つえらびなさい。

ストレートネック

最近、肩こりや首の痛みに悩んでいる人が増えています。その原因は、スマホを見る姿
勢に 19 ストレートネック(straight neck)になっているからだと言われています。

ストレートネックとは、正常な首の骨が「く」の字のようにカーブしているのに 20 、
首の骨が真っすぐになってしまっていることを言います。スマホを使うとき、長い時間、
下を向き 21 という人もいます。首が傾いたままだと、首に大きな負担をかけ、首の
骨のカーブがだんだん 22 いきます。

ストレートネックになると、首や肩が痛くなったり、頭痛や吐き気、めまいがすること
があります。ストレートネックになるのを防ぐために、スマホを見るときは、スマホを持
つ手を目の高さまで上げ、長時間、下を向いた 23 にならないようにしましょう。

19

1　とって　　　　　2　おいて　　　　　3　つれて　　　　　4　よって

20

1　対し<ruby>対<rt>たい</rt></ruby>し　　　　　2　関<ruby>関<rt>かん</rt></ruby>し　　　　　3　および　　　　　4　かぎり

21

1　気味　　　　　2　っぱなし　　　　　3　だらけ　　　　　4　っぽい

22

1　失われて　　　　2　失わせて　　　　3　失って　　　　4　失わさせて

23

1　だけ　　　　　2　かぎり　　　　　3　まま　　　　　4　きり

問題4 つぎの(1)から(4)の文章を読んで、質問に答えなさい。答えは、1・2・3・4から最もよいものを一つえらびなさい。

(1)

　私が住む町の図書館では、1年に1回、不要になった本を無料で市民に提供している。新しい本を買うためには、今ある本を減らして置き場所を作らないといけないからだ。提供される本は、内容が古くなったもの、利用者が少ないもの、同じ本が何冊もあるもの、痛みが激しいものなどである。資源として再利用したり、ゴミとして捨てたりすることもできるが、図書館としては、まずは本として希望者にもらってほしいと考えているようだ。

24 図書館が無料で市民に本を提供するのはなぜか。

1　新しい本が買えない人にあげたいから

2　古い本を再利用すれば、新しい紙ができるから

3　新しい本を置くスペースを作りたいから

4　古い本を売って、新しい本を買うためのお金を得たいから

(2)

これは市のホームページからのお知らせである。

お知らせ

　今週末の9月20日（日）に予定しておりました秋祭りは、台風接近に伴い、9月27日（日）に延期といたします。なお、27日（日）も天候不良のため実施できない場合は、今年の秋祭りは中止とさせていただきます。

　後日、市民センターに置いてある祭り道具の片付けを行います。片付けの日時は、追ってお知らせいたします。皆様、ご協力をお願いいたします。

25　この文章の内容と合っているのはどれか。

1　9月27日か、そのあとに秋祭りを行う。

2　9月27日に、片付けをする日がわかる。

3　9月20日に、いつ祭りをするか決める。

4　9月20日は、秋祭りを行わない。

(3)

これは大学から学生に届いたメールである。

宛先 ：aiueo@yyy.com

送信者：abcd@xxx.ac.jp

件名 ：「日本語会話Ⅰ」成績評価について

日付 ：2021年9月16日(木)

「日本語会話Ⅰ」受講の学生の皆さんへ

「日本語会話Ⅰ」の成績評価についてお知らせします。

成績は下記の2つで評価します。

　1）試験　　　80％：期末試験　9月24日(金)

　　　　　　　　　　　　10:00—11:30

　2）課題提出　20％：毎回の授業の課題(提出締め切り：

　　　　　　　　　　　9月30日(木))

　出席率が50％以下の学生は、単位が取れません。課題は全部で8つあります。5つ以上提出していない場合は、課題点を与えませんので、注意してください。

---

26 この文章の内容と合っているのはどれか。

1 試験の成績が50％以下の人は、課題を5つ以上出せば単位がもらえる。

2 試験の点数が満点でも、出席率が50％以下の学生は単位がもらえない。

3 課題を半分以上出していれば、課題点がもらえる。

4 試験の日までに課題を提出さなければ、課題点がもらえない。

(4)

　最近、運動不足が気になり、「宅トレ」を始めてみた。「宅トレ」というのは、アプリやDVDなどの動画を見ながら自宅でトレーニングをすることだ。夜、お風呂に入る前に30分ほど運動するだけだが、思っていた以上の効果を感じられた。一番最初に現れた効果は、睡眠の質がよくなったことだ。体がちょうどいい程度に疲れているのか、ベッドに横になるとすぐ眠れて、気がつけば朝、という感じだ。そして何よりうれしいのは、疲れにくくなったことだ。休みの日にアウトドアを楽しむ余裕も生まれ、体力に自信がついた。他人の目を気にせず、自分のペースで楽しめる宅トレの魅力を感じている。

27　この文章を書いた人が一番喜んでいるのはどんなことか。

　　1　よく眠れるようになったこと

　　2　生活に余裕ができたこと

　　3　だれにも見られずに楽しめること

　　4　体力がついたこと

問題5　つぎの(1)と(2)の文章を読んで、質問に答えなさい。答えは、1・2・3・4から最も
よいものを一つえらびなさい。

(1)

　夕焼けがきれいに見えるには、空が晴れていればいいというわけではない。きれいに見える
条件には、太陽の位置と空気の状態がある。

　まず太陽の位置だが、太陽が低い位置にあるほどきれいな夕焼けになる。したがって、日の
入りの時間が一番きれいな夕焼けが見られるというわけである。

　空気の状態については、まず湿度。空気がどれだけ水を含んでいるか、がポイント。湿度は
やや高めの50％ぐらいがちょうどいい。太陽の光には色があるが、青色は光が散りやすく、赤
色は散りにくいと言われている。ある程度の湿度があると、青色の光が空気中の水によって
散って、赤色の光が真っすぐ届く。その結果、きれいな夕焼けになる。

　次に、大気中の雲や小さなほこりだ。これらも、光の届き方に影響を与える。自分と太陽の
間に雲が発生していると、太陽の光が真っ直ぐ届かないのできれいな夕焼けにならない。逆に
大気中に適度に小さなほこりなどがないと青色の光が散ってくれないので美しい赤色にならな
い。

言語知識（文法）
・読解

第1回

第2回

第3回

文字・語彙

文法

読解

聴解

28 湿度が高いときれいな夕焼けになるのはなぜか。

1　空気中の水分によって赤色の光が分かれるから。

2　青色の光が分かれて、赤色の光が届きやすくなるから。

3　自分と太陽の間に雲が多くなるから。

4　小さなほこりが減って大気がきれいになるから。

29 大気中に小さなほこりなどがあったら、夕焼けはどうなるか。

1　青色が真っすぐ届く。

2　青色が真っすぐ届かない。

3　きれいな赤色になる。

4　きれいな赤色にならない。

30 どんなとき夕焼けがきれいに見えると言っているか。

1　太陽の位置が低く、雲がないとき

2　温度が高く、赤い光が強いとき

3　空が晴れていて、大気中に小さなほこりがないとき

4　ある程度の湿度があり、大気中に雲が多いとき

(2)

　留学生の友人たちと各国の料理の話になったとき、一人が「日本料理と言えば、ラーメン！」と言ったので、私はとても驚いた。てっきり寿司や天ぷらの名前が挙がると思っていたからだ。
①
　ラーメンは日本人の国民食と言えるぐらい好きな人が多く、ラーメン屋も本当にたくさんある。有名なラーメン屋の前には行列ができ、並んででも食べたいという人もいる。しかし、私にはラーメンが日本料理という感覚はなかったので、外国人がラーメンを和食と捉えていることに疑問を感じていた。
②
　ラーメンはもともとは「中華そば」とか「中華麺」という名前で呼ばれていた中国料理から作られた料理だ。その後、独自の進化をし、現在のラーメンの形になっている。現在のラーメンはもとの形とはだいぶ変わっているので、これは新たな和食と考えてもいいのかもしれない。

31 ①とても驚いたのはなぜか。

1　外国人が日本のラーメンを食べたことがあったから

2　ラーメンが代表的な和食として認識されていたから

3　留学生の友人たちが、寿司や天ぷらを知らなかったから

4　ラーメン屋の前に何時間も並ぶ人がいるから

32 何に対して②疑問を感じていたがあったのか。

1　ラーメンは日本料理だと考えること

2　外国人が和食について語ること

3　中国料理から現在のラーメンができたこと

4　ラーメンを国民食と呼ぶこと

33 この文章を書いた人は、ラーメンについてどう思っているか。

1　代表的な和食である。

2　国民食になったとは言えない。

3　日本料理として認めてもいい。

4　寿司やてんぷらのほうが有名だ。

12分 **問題6** つぎの文章を読んで、質問に答えなさい。答えは、1・2・3・4から最もよいものを
一つえらびなさい。

　ここ数年、「民泊」という言葉をよく聞くようになりました。「民泊」とはもともとは、旅行
者がホテルや旅館に泊まるのではなく、一般の人の家に泊まることでした。しかし最近では、
空いているマンションの一室や、自分の家の使っていない部屋を旅行者に貸すことを「民泊」
と呼ぶようになりました。今この「民泊」ビジネスが流行っています。

　その理由の1つに、日本人がよく旅行をするようになったことや、日本に来る外国人旅行者
①
が増え、ホテルや旅館が足りなくなっていることが挙げられます。また、インターネットの宿
泊予約サイトを通じて、簡単に予約ができるようになったことも、理由の1つだと思います。

　「体験型民泊」という旅行の仕方も目されています。都会に住む人が田舎の農村や漁村などに
③
来て、農家に泊まって田舎の生活を体験します。農家では、田植えや稲刈りを体験したり、畑
で野菜を採って、その野菜を使って自分で料理を作って食べたりします。漁村では、船に乗っ
て釣りをして、自分が釣った魚を食べます。

　このような旅行は、特に都会に住んでいる子供たちに人気があり、中学生の修学旅行などに
②
取り入れられています。ただ観光するだけではなく、その土地で暮らす人達と交流し、普段は
できない田舎ならではの体験ができることが魅力のようです。

34　「民泊」とは何か。

　　1　ホテルではなく一般の人の家に泊まること

　　2　外国人が日本人の家に泊まること

　　3　都会のマンションに泊まること

　　4　田舎に行って農家に泊まること

35　①その理由と同じ意味のものはどれか。

　　1　旅行者が一般の人の家に泊まる理由

　　2　空いているマンションの部屋を貸す理由

　　3　旅行者に部屋を貸す人が増えている理由

　　4　インターネットの予約サイトが簡単な理由

36　②このような旅行とは、どんな旅行か。

　　1　インターネットで予約する旅行

　　2　都会に住んでいる人が観光地へ行く旅行

　　3　船に乗って魚釣りをする旅行

　　4　田舎ならではの体験をする旅行

37　③「体験型民泊」はなぜ子供たちに人気があるのか。

　　1　都会の観光地に飽きているから

　　2　普段の生活ではできない体験ができるから

　　3　船に乗って釣った魚はおいしいから

　　4　畑で野菜を育てられるから

問題7 右のページは「外国人のお仕事探し　無料相談会」の案内である。これを読んで、下の質問に答えなさい。答えは1・2・3・4から最もよいものを一つえらびなさい。

8分

[38] 仕事探しの相談をしたい場合、まず何をしますか。

1　履歴書を書く。

2　火曜日に市役所へ行く。

3　第2土曜日に電話をかける。

4　市役所に予約をする。

[39] 相談会ではどんなサポートをしてくれますか。

1　外国語で相談に乗ってくれる

2　自分に合った仕事を教えてくれる

3　履歴書を書いてくれる

4　一緒に面接に行ってくれる

外国人のお仕事探し　無料相談会

「仕事に就きたい」「仕事について知りたい」と思っている外国の方の相談に乗ります。
専門のスタッフがあなたの就職活動をサポートします。

1）場所：みどり市役所　２階　大会議室

2）相談日：毎週火曜日、第２土曜日（祝日・年末年始を除く）

3）相談時間：　① 10:00 － 11:00　　② 11:00 － 12:00
　　　　　　　　③ 13:00 － 14:00　　④ 15:00 － 16:00

4）サポート内容例：　・仕事えらびについての助言
　　　　　　　　　　　・仕事の紹介
　　　　　　　　　　　・書類の書き方指導
　　　　　　　　　　　・面接の練習

5）注意　　①要予約
　　　　　　②ご相談はお一人様１時間まで
　　　　　　③スタッフは日本語のみで対応

6）お問い合わせ：　みどり市役所国際交流課（月－金　8:30 ～ 17:00）
　　　　　　　　　　03 － ×××× － ××××
　　　　　　　　　　Shuushoku@midori-city.jp

模擬試験
第2回

N3

聴　解
ちょう　かい

（40分）

2nd 02~09 問題1

問題1では、まず質問を聞いてください。それから話を聞いて、問題用紙の1から4の中から、最もよいものを一つえらんでください。

れい

1 きゃくをかいぎ室にあんないする
2 しりょうをコピーする
3 きゃくにお茶を出す
4 かいぎ室のエアコンをつける

1ばん

1 出かける
2 予定を変更する
3 中村さんに連絡する
4 中村さんを呼ぶ

2ばん

1　ごみを捨てる

2　コピー機に紙を入れる

3　机を並べる

4　コピーする

3ばん

1　ホテルに注文する

2　自分たちで作る

3　店に食べに行く

4　買って来る

4ばん

1　いすを譲ってもらう

2　インターネットでいすを売る

3　市役所にいすを持って行く

4　市役所に連絡する

5ばん

1　レストランに行く

2　プレゼントを買いに行く

3　仕事をする

4　インターネットを見る

6ばん

1　テーマを決める

2　資料を読む

3　先生に相談する

4　インタビューをする

問題2

問題2では、まず質問を聞いてください。そのあと、問題用紙を見てください。読む時間があります。それから話を聞いて、問題用紙の1から4の中から、最もよいものを一つえらんでください。

れい

1　ぐあいが悪かったから

2　ねぼうしたから

3　セミナーに行きたくないから

4　お昼を食べていたから

1ばん

1 大学から近いから

2 コーヒーが安いから

3 席にコンセントがあるから

4 おかわりが半額だから

2ばん

1 古くなったから

2 色がいいから

3 このメーカーが好きだから

4 サイズが小さいから

3ばん

1 温泉

2 ハイキング

3 釣り

4 夕日

4ばん

1 部屋から駅まで時間がかかるから

2 健康にいいと思ったから

3 電車がいやになったから

4 節約できるから

5ばん

1 セールに行く

2 冷蔵庫を整理する

3 メモを書いて買い物に行く

4 肉を冷凍する

6ばん

1 小さい時から水泳を始めること

2 毎日厳しい練習をすること

3 水泳が好きになること

4 一緒に努力する仲間がいること

問題3

問題3では、問題用紙に何もいんさつされていません。この問題は、全体としてどんなないようかを聞く問題です。話の前に質問はありません。まず話を聞いてください。それから、質問とせんたくしを聞いて、1から4の中から、最もよいものを一つえらんでください。

— メモ —

問題4

問題4では、 えを見ながら質問を聞いてください。やじるし（→）の人は何と言いますか。
1から3の中から、最もよいものを一つえらんでください。

れい

1ばん

2ばん

第
1
回

第
2
回

第
3
回

文字・語彙

文
法

読
解

聴
解

3ばん

4ばん

問題5

問題5では、問題用紙に何もいんさつされていません。まず文を聞いてください。それから、そのへんじを聞いて、1から3の中から、最もよいものを一つえらんでください。

― メモ ―

模擬試験
第3回

N3

げんごちしき(もじ・ごい)

(30ぷん)

問題1 _____のことばの読み方として最もよいものを、1・2・3・4から一つえらびなさい。

1 背中がかゆい。

   1 おなか   2 せなか   3 まんなか   4 いなか

2 恋愛小説を読みます。

   1 れんあい   2 へんあい   3 こいあい   4 れいあい

3 アルバイトを募集します。

   1 おうぼ   2 れんしゅう   3 ぼしゅう   4 しゅうしゅう

4 夜遅く一人で歩くのは危険だ。

   1 ぎけん   2 きげん   3 ぎげん   4 きけん

5 大学で環境について勉強している。

   1 かんぎょう   2 がんきょう   3 かんきょう   4 がんぎょう

6 家の前に畑があります。

   1 はたけ   2 いけ   3 たんぼ   4 こや

7 事故の原因を調べる。

   1 ごんいん   2 げんいん   3 えんいん   4 げいいん

8 どちらにするか迷っている。

   1 こまって   2 まいって   3 まよって   4 はかって

問題2 _____のことばを漢字で書くとき、最もよいものを、1・2・3・4から一つえらびなさい。

9 飼っていた鳥が、にげてしまった。

1 速げて　　　　　2 造げて　　　　　3 逃げて　　　　　4 追げて

10 この店は、日曜日はえいぎょうしていない。

1 栄行　　　　　2栄業　　　　　3 営行　　　　　4 営業

11 待ち合わせの時間をかえてもらえる？

1 果えて　　　　　2 可えて　　　　　3 変えて　　　　　4 加えて

12 さっきの問題は、ふくざつで難しかった。

1 複稚　　　　　2 複雑　　　　　3 復稚　　　　　4 復雑

13 まずさいしょに、何をしたらいいですか。

1 再始　　　　　2 再初　　　　　3 最始　　　　　4 最初

14 この辺りは、夜はとてもしずかです。

1 静か　　　　　2 情か　　　　　3 晴か　　　　　4 清か

5分（1問30秒）

問題3 （　　　　）に入れるのに最もよいものを、１・２・３・４から一つえらびなさい。

15 留学してみて、（　　　　）自分の国の良さがわかりました。

1　あらためて　　　　2　かえって　　　　3　けっして　　　　4　あらかじめ

16 すみません。予約の時間を（　　　　）していただけませんか。

1　変化　　　　2　変更　　　　3　交換　　　　4　交代

17 山田さん、試験に失敗して（　　　　）を受けているらしい。

1　チャレンジ　　　　2　マナー　　　　3　ショック　　　　4　チェック

18 （　　　　）になって本を読んでいたら、知らないうちに外が暗くなっていた。

1　しゅうちゅう　　　　2　むちゅう　　　　3　とうぜん　　　　4　りっぱ

19 雨の日が続いていて、部屋の中も（　　　　）している。

1　ぽかぽか　　　　2　じめじめ　　　　3　どんどん　　　　4　そろそろ

20 リンさんは（　　　　）性格で、なかなか自分の意見を変えない。

1　がんこな　　　　2　おせっかいな　　　　3　まじめな　　　　4　クールな

21 この公園にはたくさんの桜の木が（　　　　）あります。

1　伸びて　　　　2　咲いて　　　　3　植えて　　　　4　進めて

22 すみません。用事ができたので、予約を（　　　　）したいんですが。

1　テクニック　　　　2　キャンセル　　　　3　バーゲン　　　　4　セール

23 大雨の（　　　　）で、電車が遅れている。

1　非常　　　　2　情報　　　　3　影響　　　　4　指示

24 住所と名前を書き終わったら、係の人に声を（　　　　）ください。

1　出して　　　　2　言って　　　　3　鳴って　　　　4　かけて

25 この町は（　　　　）がさかんで、野菜や果物などを生産しています。

1　農業　　　　　　　2　工業　　　　　　　3　職業　　　　　　　4　作業

3分（1問30秒）

問題4　＿＿＿＿に意味が最も近いものを、1・2・3・4から一つえらびなさい。

26 彼は進学するかどうか迷っていたが、けっきょく、帰国することに決めたそうだ。

1　最後には　　　　　2　ついでに　　　　　3　せっかく　　　　　4　そのうち

27 けがをした足の状態は徐々に良くなっている。

1　完全に　　　　　　2　かなり　　　　　　3　少しずつ　　　　　4　ほとんど

28 あの人は余計な話ばかりしていて、仕事が遅い。

1　楽しい　　　　　　2　必要ではない　　　3　大切な　　　　　　4　大変ではない

29 あの交差点の先に、川があります。

1　正面　　　　　　　2　向こう　　　　　　3　手前　　　　　　　4　そば

30 電車に大事な書類をうっかり置いてきてしまった。

1　負担していなくて　　　　　　　　　　2　信用していなくて

3　注意していなくて　　　　　　　　　　4　忘れていなくて

問題5 次のことばの使い方として最もよいものを、1・2・3・4から一つえらびなさい。

31 くわしい

1 このプランに沿って、仕事をくわしくしてください。

2 くわしい家庭環境で育ったことが、作品に影響している。

3 ケンさんは日本文化にくわしいです。

4 弟はくわしい性格で、いろいろ気にしてしまう。

32 送る

1 楽しい時間はあっという間に送ってしまう。

2 日本に来て、楽しい留学生活を送っている。

3 週末はどこにも行かないで、家でゆっくり送った。

4 通勤時間を送って、毎日、本を読むようにしています。

33 じゅうぶん

1 私のアパートは駅からじゅうぶん歩きます。

2 このかばんはもうじゅうぶんで、何も入らない。

3 おかげさまで、風邪はじゅうぶん治りました。

4 試験勉強がじゅうぶんにできませんでした。

34 念のため

1 あとで整理するので、念のため荷物をここに置いてください。

2 雪で道がすべるから、念のため運転してください。

3 試験の前の日は、念のため眠れなかった。

4 空が曇ってきたので、念のためかさを持って行こう。

35 ほっとする

1 日にちを間違えたんじゃないかと思い、ほっとした。

2 母の元気な声を聞いてほっとした。

3 急いで買いに来たのに売り切れで、ほっとした。

4 全く予想もしていなかったので、ほっとしました。

模擬試験
第3回

N3

言語知識(文法)・読解
げんごちしき　ぶんぽう　　　どっかい

(70分)

問題1 つぎの文の（　　　）に入れるのに最もよいものを、1・2・3・4から一つえらびなさい。

1 勉強しなかった（　　　）テストの成績が良かった。

 1　ほど   2　わりに   3　として   4　なら

2 本日（　　　）全品 10％引きです。

 1　だけに   2　ばかり   3　にかぎり   4　について

3 この店は子ども（　　　）の本がたくさんある。

 1　場合   2　向け   3　上   4　だけ

4 （レストランで）

 客「すみません。料理がまだ来てないんですが。

 店員「申し訳ありません。すぐ（　　　）。」

 1　お待ちします   2　お待ちください

 3　お持ちします   4　お持ちになります

5 できるかどうか、やってみない（　　　）わからない。

 1　からこそ   2　ことには   3　とか   4　にかかわらず

6 夏休みになった（　　　）、どこか旅行に行きたいなあ。

 1　もので   2　からといって   3　ことだし   4　ようで

7 うちの犬は泥（　　　）になって遊ぶのが好きだ。

 1　だらけ   2　ばかり   3　がち   4　かぎり

8 ここにカードを入れると、ドアが開く（　　　）。

 1　ことにしている   2　ことになった

 3　ためにしている   4　ようになっている

9 転んだ時はあまり痛くなかったが、時間が（　　　）、だんだん痛くなってきた。

1　たつとしたら　　　2　たったとたん　　　3　たつにつれて　　　4　たちながら

10 夫「ちょっとコンビニに行ってくるよ。」

妻「あ、コンビニに行く（　　　）、この手紙、出してきてくれない？」

1　ついでに　　　　　2　からこそ　　　　　3　としたら　　　　　4　には

11 祖母がこのごろ病気（　　　）だと聞いて、心配している。

1　まみれ　　　　　2　がち　　　　　　　3　気味　　　　　　4　上

12 今夜からあすの朝（　　　）大雨になるでしょう。

1　までに　　　　　2　にかけて　　　　　3　を通して　　　　　4　として

13 あしたの朝までに（　　　）、もう少し待っていただけませんか。

1　できないはずで　　　　　　　　　2　できそうにないので

3　できるように　　　　　　　　　　4　できるかどうか

5分(1問50秒)

問題2 つぎの文の＿★＿に入る最もよいものを、1・2・3・4から一つえらびなさい。

（問題例）

つくえの ＿＿＿＿ ＿＿＿＿ ＿★＿ ＿＿＿＿ あります。

　　1　が　　　　　　　2　に　　　　　　　3　上　　　　　　4　ペン

（解答のしかた）

1．正しい文はこうです。

> つくえの ＿＿＿＿ ＿＿＿＿ ＿★＿ ＿＿＿＿ あります。
>
> 　　3　上　　2　に　　4　ペン　　1　が

2．＿★＿に入る番号を解答用紙にマークします。

（解答用紙）　| （例）| ① ② ③ ● |

14 ＿＿＿ ＿＿＿ ★ ＿＿＿ ので、出かけるのをやめた。

   1　激しく　　　　　　　　　　　　2　出かけようとした

   3　降ってきた　　　　　　　　　　4　ところに

15 きのう、ちょっと ＿＿＿ ＿＿＿ ★ ＿＿＿ 痛^{いた}くなってきた。

   1　すぎた　　　　　2　食べ　　　　　3　おなかが　　　　4　せいで

16 朝起きる時間を ＿＿＿ ＿＿＿ ★ ＿＿＿ 時間ができた。

   1　20分早く　　　2　運動する　　　3　ことで　　　　4　する

17 映画が始まるまで、まだ時間がある ＿＿＿ ＿＿＿ ★ ＿＿＿ よ。

   1　ことはない　　　2　そんなに　　　3　急ぐ　　　　4　から

18 今回の台風^{たいふう}は動きが遅いために、＿＿＿ ＿＿＿ ★ ＿＿＿ があります。

   1　おそれ　　　　2　が続く　　　　3　長い時間　　　4　大雨

問題3 つぎの文章を読んで、文章全体の内容を考えて、| 19 |から| 23 |の中に入る最も
よいものを、1・2・3・4から一つえらびなさい。

以下は、留学生の作文である。

あいさつがたくさん聞こえる町

グエン・タオ

私が今住んでいる町は、花を植えている家が多いです。私も植物が好きなので、花が好きな人がたくさんいるこの町はなんて住みやすい町なんだと思っていました。| 19 |、この町に花を植えている家が多い理由はそれだけではなかったのです。

ある朝、いつものように歩いて学校へ向かっていると、前を小学生が並んで歩いていました。子供たちが歩いていくと、花の水をやりながら、近所の人が「おはよう」「いってらっしゃい」と声をかけてきました。| 20 |だけではありません。いくつもの家の玄関先や庭から、掃除や水やりなど何かをしながら、子供たちにあいさつをしてくるのです。散歩をしているおじいさんやおばあさんも子供たちに声をかけてきました。

| 21 |様子を大学の友だちに話したら、それは「ながら見守り」という活動をしている、とのことでした。地域の人たちが、水やりや散歩などいつもの生活をしながら、子供たちの安全を見守っているのだ| 22 |。そして、その活動の一つとして、市が地域の人に花を無料で配り、育てることを勧めているのです。

私が小学生の時は学校までスクールバスで通っていたので、どんなに安全な日本でも小学生が歩いて通うのは危ないのではないかと思っていました。しかし、このように地域の人に| 23 |いれば、子供たちも安心して学校に通えるのだと納得しました。また、地域の人も無理をしてやっているのではなく、むしろ楽しそうな様子だったので、長く続けられるのではないかと思いました。

19

1 すると　　　　2 ところが　　　　3 やはり　　　　4 そのうえ

20

1 小学生　　　　2 子供　　　　3 一人　　　　4 知らない人

21

1 どんな　　　　2 あのような　　　　3 そのときの　　　　4 こんなときの

22

1 そうです　　　　　　　　　　2 べきです
3 ようにしています　　　　　　4 ことにしています

23

1 感謝して　　　　2 親しく　　　　3 見守られて　　　　4 あいさつされて

問題4 つぎの⑴から⑷の文章を読んで、質問に答えなさい。答えは、1・2・3・4から最もよいものを一つえらびなさい。

⑴

　日本は四方を海に囲まれ、多くの島々からなる国だ。その位置や形から、台風の通り道にもなっている。加えて、火山も多い。そのため、自然の影響を大きく受けやすく、自然災害が起こることも少なくない。だがその一方で、海や山からさまざまな恵みを受けてきた。森林資源や水、農作物、魚介類、などなど。例えば、日本料理が個性豊かなものに発展してきたのも、質の良い食材を得ることができたからであろう。また、一年を通して季節の変化を楽しむことができるのも、ありがたいことだ。自然は時に非常に厳しいものだが、大きな喜びを与えるものでもあるのだ。

24 この文章を書いた人が一番言いたいことはどれか。

1 日本料理の特徴は、海と山の両方から材料をとって作ることだ。

2 日本は、自然をうまく利用することで、文化や経済を発展させてきた。

3 日本は自然災害の多い国だが、自然の恵みもたくさん受けている。

4 人々は、自然を大切にしなければならないということを忘れてはいけない。

(2)

10月3日の朝、ワンさんが出勤すると、机の上に松本課長からのメモが置いてあった。

ワンさん

　きのうはプレゼン、お疲れ様でした。ワンさんの案を使いたいと思います。
4日の営業会議に私が出て、説明することになりました。ワンさんのプレゼン
の資料を使って説明したいと思っていますが、先月のお客様アンケートの結果
も資料に入れてほしいので、準備しておいてください。
　3日は、午前にほかの会議が入っているので、資料のチェックができるのは
2時ごろになりそうです。それまでにお願いします。

10月2日　19：00

松本

---

25 このメモを読んで、ワンさんがしなければならないことは何か。

1　2時ごろまでにアンケートの結果をプレゼンの資料に入れておく。

2　お客様アンケートを行って、結果をまとめておく。

3　2時ごろまでにプレゼンの資料を直して、会議で説明する。

4　松本課長の会議が始まる前にプレゼンの資料を完成させておく。

(3)

　日本の伝統的な紙、「和紙」は1300年の歴史を持つ。古くから日本で使われてきた和紙は、自然の材料を使って手間をかけて作られるため、できあがったら、100年、200年と使えるものとなると聞いて驚いたことがある。そういえば、最近、博物館で見た80年前の手紙も和紙が使われていた。

　そして今では、和紙の長所を生かして、うちわやラッピング用の紙だけでなく、かばんやさいふ、マスクなども作られている。現代のエコブームにも合っている和紙は、いろいろな可能性を持っているだろう。これまでにない、和紙を使った新しい商品と出会えるのが楽しみである。

26　和紙について、「私」はどう考えているか。

1　和紙は長い歴史があるので、博物館に置いておくのがいい。

2　和紙は質も良く、おしゃれなので、プレゼントにも喜ばれる。

3　和紙は自然のものなので、今後もさらにいろいろな商品に使われる。

4　和紙は長い年月残るものなので、大切なことを書いておくといい。

言語知識（文法）
・読解

第1回

第2回

第3回

文字・語彙

文法

読解

聴解

(4)

　これは大学から学生に届いたメールである。

あて先：mailing-list_01@j.univ.ac.jp

件名　　：タブレット端末の貸し出しについて

送信日時：2021 年 9 月 9 日

学生のみなさん

　先日、オリエンテーションでお知らせしたとおり、タブレット端末の貸し出しを始めることになりましたので、お知らせします。現在、各授業を中心にタブレット端末の利用を進めていますが、今後さらに、自宅学習にも活用していきます。

　タブレット端末は学習用です。そのため、使用には次のような制限があります。

・学習に不適切な WEB サイトは見ることができません。

・SNS やゲームなどのアプリは機能しません。

・新しいアプリのインストールはできません。

　タブレット端末の貸し出しを申し込んでいる人は、本日から 9 月 30 日までの期間、午前 9 時から午後 6 時までの時間に事務室に受け取りに来てください。

　なお、すでに自分のタブレット端末を持っている人には、大学の専用アプリをインストールしていただきます。上記期間中に事務室に自分のタブレット端末を持ってきてください。

城山大学　事務室

---

[27]　このメールからわかることは何か。

1　大学のタブレット端末でインターネットを使うことはできない。

2　大学のタブレット端末に自由にアプリをインストールすることができる。

3　大学のタブレット端末は事務室で使わなければならない。

4　自分のタブレット端末を持っている人は、大学のアプリを入れれば自分のを使ってもいい。

問題5 つぎの(1)と(2)の文章を読んで、質問に答えなさい。答えは、1・2・3・4から最も
よいものを一つえらびなさい。

(1)

　「粗大ごみ持ち込みステーション」というところを知っていますか。いらなくなった家具や家
電などを集めて保管し、ほしい人にもらってもらうところです。粗大ごみとして捨てる場合、
引き取り料がかかりますが、このステーションに持ち込むと無料で引き取ってもらえます。持
ち込まれたものは状態を確認して、リユースできるものには値段をつけ、物によっては無料で、
ほしい人に譲ります。

　これは、A市が実験的に始めた取り組みです。A市では最近、粗大ごみが増え、引き取りに
何週間も待つこともあります。粗大ごみ置き場には、外にあふれるほど多くのごみが出されて
いるそうです。そのごみのほとんどは燃やして処分するのですが、環境への影響も心配されて
います。そこで、少しでも粗大ごみを減らすことを目的に始められました。市のホームページ
にも紹介され、利用者はだんだん増えてきて、集まったお金は、市の環境問題対策に使われて
いるそうです。

　私は、この取り組みにはごみを減らすこと以上の意味があると思います。人々が物を捨てる
前に、まだ使えるかどうか考える。それを習慣にすることで、物を大切に長く使うという、昔
の日本人の考え方をもう一度思い出してもらいたい。そのいいチャンスになるのではないかと
思います。

28 「粗大ごみ持ち込みステーション」は何をするところか。

1　粗大ごみを捨てるところ

2　粗大ごみになるものをほかの人にゆずるところ

3　いらなくなった家具や家電を売るところ

4　粗大ごみをリユースできるかどうか調べるところ

29 A市はどうしてこの取り組みを始めたか。

1　粗大ごみ置き場がせまいため

2　ホームページの利用者を増やすため

3　市に出される粗大ごみを減らすため

4　環境問題対策に使うお金を集めるため

30 筆者が一番言いたいことは何か。

1　この取り組みは、ごみを減らすのにとても役に立っている。

2　この取り組みは、物を捨てずに長く使うという考え方を習慣にするいい機会だ。

3　物を長く大切に使ってきた日本人の習慣はいいことなので、続けていきたい。

4　環境問題を解決するために、ごみを減らさなければならない。

(2)

　私は写真を撮るのが好きです。家族や友達のような身近な人や動物ではなく、風景を撮ります。例えば、古い町を歩いていて見つけた小さな道、誰かがバス停のベンチに忘れた傘などです。その町の日常の様子を探しては写真に撮ります。

　私が写真を始めたのは祖父の影響です。カメラが趣味だった祖父の部屋でいろいろな写真の本を見せてもらい、興味を持つようになりました。週末になると、祖父と一緒に写真展に行ったり写真を撮りに行ったりしました。

　最初はきれいな花や空を見つけてはカメラを向けていました。でも、あるとき、ある町の風景の写真を見て「この町にはどんな人が住んでいて、どんな生活をしているのだろう」と思いました。きれいな写真からはできなかった想像する楽しさを見つけたのです。将来また違った写真を撮りたくなるかもしれませんが、これからも、撮りたいと思ったものとの新しい出会いを楽しみたいと思います。

31 ①<u>写真</u>とあるが、どのような写真のことか

1　家族や仲のいい友達の写真

2　伝統的な建物の写真

3　きれいな道の写真

4　日常で見られる風景の写真

32 ②<u>私が写真を始めた</u>のはどうしてですか。

1　町を歩いていた時に、風景の写真を撮りたくなったから

2　祖父の持っている写真の本に興味を持ったから

3　写真展できれいな写真を見て自分も撮りたいと思ったから

4　祖父が一緒に写真を撮ることをすすめたから

33 写真を撮ることについて、「私」はどう思っているか。

1　将来、仕事として写真を撮るつもりだ

2　いろいろな想像ができる写真を撮りたい

3　見る人がきれいだと思うような写真を撮るようにしたい

4　将来は、今とは違った写真を撮ろうと思っている

⏳12分 **問題6** つぎの文章を読んで、質問に答えなさい。答えは、1・2・3・4から最もよいものを 一つえらびなさい。

　最近、「セルフ」という言葉を見かけることが多くなった。飲食店に行けば、「お水はセルフ サービスでお願いします」という紙が貼ってあるし、スーパーやコンビニなどのレジでは、客 が商品の値段を機械に読ませて支払いをする「セルフレジ」も、珍しくなくなってきた。自分 の席でタブレット型パソコンを使って注文する「セルフオーダー」は、メニュー画面を指でタッ チするだけの簡単なものなので、子供たちもやりたがる。

　こうしたさまざまな「セルフ」のサービスは、何より自分のペースでできるのがよい。レス トランの「ドリンクバー」が代表的。コーヒーをおかわりしたくなれば、店員を呼ばなくても、 好きな時に好きなだけ、自分で注げばいい。コンビニのセルフレジは、初めは慣れなくて時間 がかかるが、慣れれば、店員のいるレジより早く終わらせることができる。

　ただ、便利なサービスではあるが、ときどき便利じゃなくてもよいと思うときがある。

　旅行先で、あるラーメン店に入った時のことだ。「いらっしゃいませ」と店員が元気よくあい さつをしてくれて、雰囲気がいいなと思ったら、「まず初めに、こちらで商品をお選びください」 と自動販売機の前に案内された。好きなメニューを選び、お金を入れたら、注文の紙が出てく るというものだ。結局、その紙を渡して食べ終わるまで、店の人とは一言も話すことはなかっ た。私としては、旅行中に、その土地の人とちょっとした交流ができればいいなと思っていた ので、がっかりしたのを覚えている。

　これら「セルフ」というスタイルは、文字通り「個」という空間を作っている。多くの「個」が 社会に存在して、それぞれが動いているいるように思える。しかし、時には「個」の空間を出て、 他の人とつながることも大事なのではないだろうか。

34 ①こうしたさまざまな「セルフ」サービスで、合っているものはどれか。

1 子どもが一人で注文をする

2 自分の飲みたいときに水を入れてもらう

3 自分で商品の値段を機械に読ませて支払う

4 自分の好きな商品を選ぶ

35 この文章を書いた人が「セルフ」サービスについて特に評価しているのはどんな点か。

1 誰でも簡単にできること。

2 時間を節約できること。

3 多くの店がスタッフの費用を抑えられること。

4 客が店の都合などに合わせてなくていいこと。

36 ②がっかりしたとあるが、どうしてがっかりしたのか。

1 最初はラーメン屋の雰囲気がよかったが、後から変わったから

2 注文するとき店員に気づいてもらえなかったから

3 注文してから店を出るまで、店の人との会話がなかったから

4 自動販売機で商品を選ぶお店が好きじゃなかったから

37 この文章を書いた人は、「セルフ」のサービスについてどう思っているか。

1 そればかりになって、他人と関係を持たなくなるのはあまりよくない。

2 たまには一人になりたいこともあるので、ときどき利用したい。

3 新しいサービスを次々に生み出す企業の努力に感心する。

4 一人一人の都合や希望に合って便利なので、どんどん広げてほしい。

⏳
8分

問題7　右のページは、水族館のポスターである。これを読んで、下の質問に答えなさい。答
えは1・2・3・4から最もよいものを一つえらびなさい。

[38] 今日は土曜日である。キムさんは15時に水族館に来て、このポスターを見た。水族館が
昼間に行っているイベントの中で、今から見られるものはどれか。

1　Aだけ

2　AとB

3　AとBとD

4　BとD

[39] スニルさんは大学生である。水曜日の午後6時に大学の友達と2人で水族館に来た。スニ
ルさんたちはチケット売り場でいくら払うか。

1　2800円

2　3200円

3　3600円

4　4000円

言語知識（文法）
・読解

第1回

第2回

第3回

文字・語彙

文法

読解

聴解

さくら水族館

営業時間：9：00 〜 17：30　月曜定休日

イベントスケジュール（予定時間）

A　イルカのショータイム（15分）	B　イルカ　トレーニング体験（15分）
【開始時間】10：30/12：30/14：30/16：00 【場所】北館3F　大プール	【開始時間】11：30/13：30/15：30 【場所】北館3F　大プール
C　ペンギンのお散歩（10分）	D　えさやり体験（10分）
【開始時間】14：30 【場所】中央広場	【開始時間】10：15/15：30 【場所】南館2F　南の島プール

チケット料金

販売場所：さくら水族館チケット売り場

大人（18歳以上）　2000円	高校生　1800円 ＊チケット売り場で学生証をお見せください。
小・中学生　1000円	幼児（6歳以下）　500円

≪期間限定！ 夜間特別料金≫
17：00 から入館できる夜の水族館を楽しむお得なチケット

期間：6月〜10月　※土日祝日のみ利用可能

大人	1600円	高校生	1400円
小・中学生	600円	幼児	300円

※夜間料金は夜間営業日の17時以降に入館する場合の料金です。

Ｎ３

聴　解
ちょう　かい

（40分）

問題1

問題1では、まず質問を聞いてください。それから話を聞いて、問題用紙の1から4の中から、最もよいものを一つえらんでください。

れい

1 きゃくをかいぎ室にあんないする

2 しりょうをコピーする

3 きゃくにお茶を出す

4 かいぎ室のエアコンをつける

1ばん

1

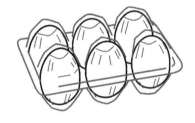

2

3

4

2ばん

1　今日の午後7時

2　今日の午後9時半

3　明日の午前9時

4　明日の午後9時

3ばん

1　部長にミーティングの時間が変更できることを連絡する

2　山本さんにミーティングの時間が変更されることを話す

3　鈴木さんにミーティングの時間が変更になることを伝える

4　山本さんにミーティングの時間を変更してもいいか確認する

4ばん

1　グラフに具体的な数字を入れる

2　数字について説明する

3　メールで資料を送る

4　アンケートの結果を見せる

5ばん

1 車で行く

2 バスで行く

3 新幹線で行く

4 車とバスで行く

6ばん

1 休みを十分にとる

2 鈴木課長に相談する

3 スケジュール表を変更する

4 部長に資料を確認してもらう

問題2

問題2では、まず質問を聞いてください。そのあと、問題用紙を見てください。読む時間があります。それから話を聞いて、問題用紙の1から4の中から、最もよいものを一つえらんでください。

れい

1　ぐあいが悪かったから

2　ねぼうしたから

3　セミナーに行きたくないから

4　お昼を食べていたから

1ばん

1 料理をするのが好きだから

2 日本料理を食べたことがないから

3 日本料理を自分で作れるようになりたいから

4 土曜日の午後に時間があるから

2ばん

1 はじめて参加するから

2 半年間続けられないから

3 活動が3か月後に始まるから

4 半年後に卒業するから

3ばん

1 再来週の木曜日に本を返す

2 DVDをポストに入れる

3 同じ市内のほかの図書館で本を返す

4 本を2週間借りる

4ばん

1　夏休みに広島県に行ったこと

2　初めて海を見たこと

3　畑でとれたものをみんなで食べたこと

4　ホストファミリーと仲良くなったこと

5ばん

1　新しいアイデアを思いついたから

2　友だちの論文とテーマが似ていたから

3　インターネットで同じ内容の論文を見つけたから

4　先生からアドバイスをもらったから

6ばん

1　男の人にパソコンを借りるため

2　男の人にチョコレートをあげるため

3　男の人にパソコンを修理してもらうため

4　男の人にレポートを書くのを手伝ってもらうため

問題3

問題3では、問題用紙に何もいんさつされていません。この問題は、全体としてどんないようかを聞く問題です。話の前に質問はありません。まず話を聞いてください。それから、質問とせんたくしを聞いて、1から4の中から、最もよいものを一つえらんでください。

― メモ ―

問題4

問題4では、 えを見ながら質問を聞いてください。やじるし（→）の人は何と言いますか。
1から3の中から、最もよいものを一つえらんでください。

れい

1ばん

2ばん

3ばん

4ばん

問題5

問題5では、問題用紙に何もいんさつされていません。まず文を聞いてください。それから、そのへんじを聞いて、1から3の中から、最もよいものを一つえらんでください。

— メモ —

模擬試験の採点表

配点は、この模擬試験で設定したものです。実際の試験では公表されていませんが、各科目の合計得点が示されているので（60点）、それに基づきました。「基準点＊の目安」と「合格点の目安」も、それぞれ実際のもの（19点、95点）を参考に設定しました。

＊基準点：得点がこれに達しない場合、総合得点に関係なく、それだけで不合格になる。

★合格可能性を高めるために、100点以上の得点を目指しましょう。
★基準点に達しない科目があれば、重点的に復習しましょう。

●言語知識（文字・語彙・文法）

大問	配点	満点	第1回		第2回		第3回	
			正解数	得点	正解数	得点	正解数	得点
言語知識（文字・語彙）								
問題1	1点×8問	8						
問題2	1点×6問	6						
問題3	1点×11問	11						
問題4	1点×5問	5						
問題5	1点×5問	5						
言語知識（文法）								
問題1	1点×13問	13						
問題2	1点×5問	5						
問題3	1点×5問	5						
合計		58						
（基準点の目安）				(19)		(19)		(19)

採点表

●読解

大問	配点	満点	第1回		第2回		第3回	
			正解数	得点	正解数	得点	正解数	得点
問題4	3点×4問	12						
問題5	4点×6問	24						
問題6	4点×4問	16						
問題7	4点×2問	8						
合計		60						
（基準点の目安）				(19)		(19)		(19)

●聴解

大問	配点	満点	第1回		第2回		第3回	
			正解数	得点	正解数	得点	正解数	得点
問題1	3点×6問	18						
問題2	3点×6問	18						
問題3	3点×3問	9						
問題4	2点×4問	8						
問題5	1点×9問	9						
合計		62						
（基準点の目安）				(20)		(20)		(20)

	第1回	第2回	第3回
総合得点	／180	／180	／180
（合格点の目安）	(95)	(95)	(95)

日本語能力試験　完全模試 N3　かいとうようし

第1回　げんごちしき（もじ・ごい）

なまえ
Name

〈 ちゅうい　Notes 〉

1. くろいえんぴつ(HB、No.2) でかいてください。
   (ペンやボールペンではかかないでください)
   Use a black medium soft (HB or No.2) pencil.
   (Do not use any kind of pen.)

2. かきなおすときは、けしゴムできれいにけして
   ください。
   Erase any unintended marks completely.

3. きたなくしたり、おったりしないでください。
   Do not soil or bend this sheet.

4. マークれい　Marking examples

よいれい Correct Example	わるいれい Incorrect Examples
●	⊘ ⊗ ◑ ◒ ○ ◍

問題 1

1	①	②	③	④
2	①	②	③	④
3	①	②	③	④
4	①	②	③	④
5	①	②	③	④
6	①	②	③	④
7	①	②	③	④
8	①	②	③	④

問題 2

9	①	②	③	④
10	①	②	③	④
11	①	②	③	④
12	①	②	③	④
13	①	②	③	④
14	①	②	③	④

問題 3

15	①	②	③	④
16	①	②	③	④
17	①	②	③	④
18	①	②	③	④
19	①	②	③	④
20	①	②	③	④
21	①	②	③	④
22	①	②	③	④
23	①	②	③	④
24	①	②	③	④
25	①	②	③	④

問題 4

26	①	②	③	④
27	①	②	③	④
28	①	②	③	④
29	①	②	③	④
30	①	②	③	④

問題 5

31	①	②	③	④
32	①	②	③	④
33	①	②	③	④
34	①	②	③	④
35	①	②	③	④

日本語能力試験　完全模試 N3　かいとうようし

第1回　げんごちしき（ぶんぽう）・どっかい

なまえ
Name

問題 1

	1	2	3	4
1	①	②	③	④
2	①	②	③	④
3	①	②	③	④
4	①	②	③	④
5	①	②	③	④
6	①	②	③	④
7	①	②	③	④
8	①	②	③	④
9	①	②	③	④
10	①	②	③	④
11	①	②	③	④
12	①	②	③	④
13	①	②	③	④

問題 2

	1	2	3	4
14	①	②	③	④
15	①	②	③	④
16	①	②	③	④
17	①	②	③	④
18	①	②	③	④

問題 3

	1	2	3	4
19	①	②	③	④
20	①	②	③	④
21	①	②	③	④
22	①	②	③	④
23	①	②	③	④

問題 4

	1	2	3	4
24	①	②	③	④
25	①	②	③	④
26	①	②	③	④
27	①	②	③	④

問題 5

	1	2	3	4
28	①	②	③	④
29	①	②	③	④
30	①	②	③	④
31	①	②	③	④
32	①	②	③	④
33	①	②	③	④

問題 6

	1	2	3	4
34	①	②	③	④
35	①	②	③	④
36	①	②	③	④
37	①	②	③	④

問題 7

	1	2	3	4
38	①	②	③	④
39	①	②	③	④

日本語能力試験 完全模試 N3 かいとうようし

第1回 ちょうかい

なまえ
Name

〈ちゅうい Notes〉

1. くろいえんぴつ(HB、No.2) でかいてください。
（ペンやボールペンではかかないでください）
Use a black medium soft (HB or No.2) pencil.
(Do not use any kind of pen.)

2. かきなおすときは、けしゴムできれいにけして
ください。
Erase any unintended marks completely.

3. きたなくしたり、おったりしないでください。
Do not soil or bend this sheet.

4. マークれい Marking examples

よいれい Correct Example	わるいれい Incorrect Examples
●	⊘ ⊗ ◯ ◑ ⊖ ●

問題 1

	1	2	3	4
れい	①	●	③	④
1	①	②	③	④
2	①	②	③	④
3	①	②	③	④
4	①	②	③	④
5	①	②	③	④
6	①	②	③	④

問題 2

	1	2	3	4
れい	●	②	③	④
1	①	②	③	④
2	①	②	③	④
3	①	②	③	④
4	①	②	③	④
5	①	②	③	④
6	①	②	③	④

問題 3

	1	2	3	4
れい	①	②	●	④
1	①	②	③	④
2	①	②	③	④
3	①	②	③	④

問題 4

	1	2	3
れい	①	●	③
1	①	②	③
2	①	②	③
3	①	②	③
4	①	②	③

問題 5

	1	2	3
れい	●	②	③
1	①	②	③
2	①	②	③
3	①	②	③
4	①	②	③
5	①	②	③
6	①	②	③
7	①	②	③
8	①	②	③
9	①	②	③

日本語能力試験 完全模試 N3 かいとうようし
第2回 げんごちしき (もじ・ごい)

なまえ
Name

〈ちゅうい Notes〉

1. くろいえんぴつ(HB、No.2)でかいてください。
  (ペンやボールペンではかかないでください)
  Use a black medium soft (HB or No.2) pencil.
  (Do not use any kind of pen.)

2. かきなおすときは、けしゴムできれいにけして
  ください。
  Erase any unintended marks completely.

3. きたなくしたり、おったりしないでください。
  Do not soil or bend this sheet.

4. マークれい Marking examples

よいれい Correct Example	わるいれい Incorrect Examples
●	⊘ ⊖ ◯ ⊗ ◍

	問題 1			
1	①	②	③	④
2	①	②	③	④
3	①	②	③	④
4	①	②	③	④
5	①	②	③	④
6	①	②	③	④
7	①	②	③	④
8	①	②	③	④

	問題 2			
9	①	②	③	④
10	①	②	③	④
11	①	②	③	④
12	①	②	③	④
13	①	②	③	④
14	①	②	③	④

	問題 3			
15	①	②	③	④
16	①	②	③	④
17	①	②	③	④
18	①	②	③	④
19	①	②	③	④
20	①	②	③	④
21	①	②	③	④
22	①	②	③	④
23	①	②	③	④
24	①	②	③	④
25	①	②	③	④

	問題 4			
26	①	②	③	④
27	①	②	③	④
28	①	②	③	④
29	①	②	③	④
30	①	②	③	④

	問題 5			
31	①	②	③	④
32	①	②	③	④
33	①	②	③	④
34	①	②	③	④
35	①	②	③	④

日本語能力試験 完全模試 N3 かいとうようし

第2回 げんごちしき (ぶんぽう)・どっかい

なまえ
Name

〈ちゅうい Notes〉

1. くろいえんぴつ(HB、No.2) でかいてください。
（ペンやボールペンではかかないでください）
Use a black medium soft (HB or No.2) pencil.
(Do not use any kind of pen.)

2. かきなおすときは、けしゴムできれいにけして
ください。
Erase any unintended marks completely.

3. きたなくしたり、おったりしないでください。
Do not soil or bend this sheet.

4. マークれい Marking examples

よいれい Correct Example	わるいれい Incorrect Examples
●	○ ◑ ⊘ ⊗ ◍

問題 1

	1	2	3	4
1	①	②	③	④
2	①	②	③	④
3	①	②	③	④
4	①	②	③	④
5	①	②	③	④
6	①	②	③	④
7	①	②	③	④
8	①	②	③	④
9	①	②	③	④
10	①	②	③	④
11	①	②	③	④
12	①	②	③	④
13	①	②	③	④

問題 2

	1	2	3	4
14	①	②	③	④
15	①	②	③	④
16	①	②	③	④
17	①	②	③	④
18	①	②	③	④

問題 3

	1	2	3	4
19	①	②	③	④
20	①	②	③	④
21	①	②	③	④
22	①	②	③	④
23	①	②	③	④

問題 4

	1	2	3	4
24	①	②	③	④
25	①	②	③	④
26	①	②	③	④
27	①	②	③	④

問題 5

	1	2	3	4
28	①	②	③	④
29	①	②	③	④
30	①	②	③	④
31	①	②	③	④
32	①	②	③	④
33	①	②	③	④

問題 6

	1	2	3	4
34	①	②	③	④
35	①	②	③	④
36	①	②	③	④
37	①	②	③	④

問題 7

	1	2	3	4
38	①	②	③	④
39	①	②	③	④

日本語能力試験 完全模試 N3 かいとうようし
第2回 ちょうかい

なまえ
Name

〈ちゅうい Notes〉

1. くろいえんぴつ(HB、No.2) でかいてください。
(ペンやボールペンではかかないでください)
Use a black medium soft (HB or No.2) pencil.
(Do not use any kind of pen.)

2. かきなおすときは、けしゴムできれいにけして
ください。
Erase any unintended marks completely.

3. きたなくしたり、おったりしないでください。
Do not soil or bend this sheet.

4. マークれい Marking examples

よいれい Correct Example	わるいれい Incorrect Examples
●	⊘ ⊗ ◯ ⊖ ⦸ ⊙

問題 1

	1	2	3	4
れい	①	●	③	④
1	①	②	③	④
2	①	②	③	④
3	①	②	③	④
4	①	②	③	④
5	①	②	③	④
6	①	②	③	④

問題 2

	1	2	3	4
れい	●	②	③	④
1	①	②	③	④
2	①	②	③	④
3	①	②	③	④
4	①	②	③	④
5	①	②	③	④
6	①	②	③	④

問題 3

	1	2	3	4
れい	①	②	●	④
1	①	②	③	④
2	①	②	③	④
3	①	②	③	④

問題 4

	1	2	3
れい	①	●	③
1	①	②	③
2	①	②	③
3	①	②	③
4	①	②	③

問題 5

	1	2	3
れい	●	②	③
1	①	②	③
2	①	②	③
3	①	②	③
4	①	②	③
5	①	②	③
6	①	②	③
7	①	②	③
8	①	②	③
9	①	②	③

日本語能力試験 完全模試 N3 かいとうようし

第3回 げんごちしき (もじ・ごい)

なまえ
Name

〈ちゅうい Notes〉

1. くろいえんぴつ(HB、No.2)でかいてください。
（ペンやボールペンではかかないでください）
Use a black medium soft (HB or No.2) pencil.
(Do not use any kind of pen.)

2. かきなおすときは、けしゴムできれいにけして
ください。
Erase any unintended marks completely.

3. きたなくしたり、おったりしないでください。
Do not soil or bend this sheet.

4. マークれい Marking examples

よいれい Correct Example	わるいれい Incorrect Examples
●	⊘ ⊗ ◑ ⊖ ⊙ ◓

問題 1

1	①	②	③	④
2	①	②	③	④
3	①	②	③	④
4	①	②	③	④
5	①	②	③	④
6	①	②	③	④
7	①	②	③	④
8	①	②	③	④

問題 2

9	①	②	③	④
10	①	②	③	④
11	①	②	③	④
12	①	②	③	④
13	①	②	③	④
14	①	②	③	④

問題 3

15	①	②	③	④
16	①	②	③	④
17	①	②	③	④
18	①	②	③	④
19	①	②	③	④
20	①	②	③	④
21	①	②	③	④
22	①	②	③	④
23	①	②	③	④
24	①	②	③	④
25	①	②	③	④

問題 4

26	①	②	③	④
27	①	②	③	④
28	①	②	③	④
29	①	②	③	④
30	①	②	③	④

問題 5

31	①	②	③	④
32	①	②	③	④
33	①	②	③	④
34	①	②	③	④
35	①	②	③	④

日本語能力試験　完全模試 N3　かいとうようし

第3回　げんごちしき（ぶんぽう）・どっかい

なまえ
Name

〈 ちゅうい　Notes 〉

1. くろいえんぴつ(HB. No.2) でかいてください。
（ペンやボールペンではかかないでください）
Use a black medium soft (HB or No.2) pencil.
(Do not use any kind of pen.)

2. かきなおすときは、けしゴムできれいにけして
ください。
Erase any unintended marks completely.

3. きたなくしたり、おったりしないでください。
Do not soil or bend this sheet.

4. マークれい　Marking examples

よいれい Correct Example	わるいれい Incorrect Examples
●	⊘ ⊗ ◎ ○ ● ⊖

問題 1

	1	2	3	4
1	①	②	③	④
2	①	②	③	④
3	①	②	③	④
4	①	②	③	④
5	①	②	③	④
6	①	②	③	④
7	①	②	③	④
8	①	②	③	④
9	①	②	③	④
10	①	②	③	④
11	①	②	③	④
12	①	②	③	④
13	①	②	③	④

問題 2

	1	2	3	4
14	①	②	③	④
15	①	②	③	④
16	①	②	③	④
17	①	②	③	④
18	①	②	③	④

問題 3

	1	2	3	4
19	①	②	③	④
20	①	②	③	④
21	①	②	③	④
22	①	②	③	④
23	①	②	③	④

問題 4

	1	2	3	4
24	①	②	③	④
25	①	②	③	④
26	①	②	③	④
27	①	②	③	④

問題 5

	1	2	3	4
28	①	②	③	④
29	①	②	③	④
30	①	②	③	④
31	①	②	③	④
32	①	②	③	④
33	①	②	③	④

問題 6

	1	2	3	4
34	①	②	③	④
35	①	②	③	④
36	①	②	③	④
37	①	②	③	④

問題 7

	1	2	3	4
38	①	②	③	④
39	①	②	③	④

日本語能力試験　完全模試　N3　かいとうようし

第3回　ちょうかい

なまえ
Name

〈 ちゅうい　Notes 〉

1. くろいえんぴつ(HB、No.2) でかいてください。
   (ペンやボールペンではかかないでください)
   Use a black medium soft (HB or No.2) pencil.
   (Do not use any kind of pen.)

2. かきなおすときは、けしゴムできれいにけしてください。
   Erase any unintended marks completely.

3. きたなくしたり、おったりしないでください。
   Do not soil or bend the sheet.

4. マークれい　Marking examples

よいれい Correct Example	わるいれい Incorrect Examples
●	⊘ ⊗ ◯ ◑ ⟍ ●

問題 1

れい	①	●	③	④
1	①	②	③	④
2	①	②	③	④
3	①	②	③	④
4	①	②	③	④
5	①	②	③	④
6	①	②	③	④

問題 2

れい	●	①	③	④
1	①	②	③	④
2	①	②	③	④
3	①	②	③	④
4	①	②	③	④
5	①	②	③	④
6	①	②	③	④

問題 3

れい	①	●	③	④
1	①	②	③	④
2	①	②	③	④
3	①	②	③	④

問題 4

れい	①	●	③
1	①	②	③
2	①	②	③
3	①	②	③
4	①	②	③

問題 5

れい	①	●	③
1	①	②	③
2	①	②	③
3	①	②	③
4	①	②	③
5	①	②	③
6	①	②	③
7	①	②	③
8	①	②	③
9	①	②	③